LE CORDON BLEU
RECETAS CASERAS
TARTAS SALADAS

KÖNEMANN

contenido

4
Milhojas de salmón

6
Quiche de setas

8
Gougères

10
Tarta provenzal

12
Tirabuzones de tomate

14
Quiche de ricotta y espinacas

16
Tartaletas de puerros

18
Tarta de salmón y albahaca

20
Tarta de jamón

22
Quiche de pimientos

24
Bouchées de gambas

26
Tarta de patata y bacon

28
Rollos de salchichas

30
Quiche lorraine

32
Tirabuzones y palmeras de queso

34
Tarta de brie y espinacas

36
Tartaletas de cangrejo fresco

38
Quiche de mozzarela, albahaca y tomate

40
Chaussons de mejillones con crema de ajo

42
Tarta de queso

44
Tartaletas de salmón ahumado con huevos revueltos

46
Quiche de berros y queso de cabra

48
Palitos de anchoa

50
Flamiche de puerros y brie

52
Hojaldrados de espárragos con salsa de mantequilla y cebollinos

54
Quiche de marisco

56
Gougères de jamón cocido

58
Técnicas del chef

para principiantes   *para cocineros poco experimentados*   *para cocineros expertos*

Milhojas de salmón

Esta deliciosa variedad de las clásicas millefeuilles (milhojas) francesas se prepara con láminas de masa ligera tipo hojaldre y salmón semicocido. Se acompaña de una exquisita salsa de mantequilla y cebollinos.

Tiempo de preparación 1 hora + 15 minutos para enfriar
Tiempo de cocción 1 hora 30 minutos
Para 4 porciones

400 g de lonchas de salmón sin piel ni espinas
2 cucharadas de aceite de oliva
250 g aprox. de pasta de hojaldre (vea página 60)
1 huevo ligeramente batido
4 ramitas de perifollo para decorar

SALSA
2 chalotes picados finos
250 ml de vino blanco
1 cucharada de vinagre de vino blanco
60 ml de nata espesa
200 g de mantequilla fría cortada en dados
2 cucharadas de cebollinos frescos picados

1 Corte el salmón en 24 lonchas finas de unos 5 mm de grosor. Sazónelo con sal y pimienta y riéguelo con aceite de oliva. Tápelo y resérvelo. Engrase ligeramente una bandeja de horno y cubra el fondo con papel encerado.

2 Precaliente el horno a 210°C. Corte la pasta de hojaldre por la mitad y estire cada parte sobre una superficie de trabajo ligeramente enharinada para formar rectángulos de 25 x 29 mm y de 3 mm de grosor. Pinche la superficie con un tenedor y refrigérelos durante 15 minutos. Mientras, coloque la mitad de la pasta en una bandeja de horno, cúbrala con una lámina de papel encerado y coloque encima otra bandeja de horno. Hornee entre 10 y 15 minutos. Retire la bandeja, dé la vuelta a la pasta y hornee 10 minutos más o hasta que la pasta adquiera un tono dorado ligero y uniforme. Píntela con un poco de huevo batido. Hornéela de nuevo, sin tapar, durante 3 ó 4 minutos o hasta que la superficie esté brillante. Pásela a una rejilla de aluminio para que se enfríe lentamente y repita la operación con la otra mitad de la pasta. Corte cada lámina en cuadrados de 9 cm de lado.

3 Para preparar la salsa, coloque los chalotes en una sartén con aceite y vinagre y cuézalos en el líquido hirviendo a fuego medio hasta que se haya evaporado casi por completo al cabo de unos 15 ó 20 minutos. Incorpore la nata y deje cocer durante unos 2 ó 3 minutos más. Añada, por tandas, los dados de mantequilla y mézclelos bien a medida que los vaya incorporando. Sazónelos con sal y pimienta.

4 Caliente un poco de aceite de oliva en una sartén a fuego fuerte. Cueza las lonchas de salmón por tandas, unos 10 segundos por cada lado, dándoles la vuelta con cuidado. Retírelas del fuego y resérvelas.

5 Coloque un cuadrado de pasta en el centro de cada bandeja con 6 lonchas de salmón encima; cúbralo con otro cuadrado de pasta. Mezcle los cebollinos con la salsa caliente y espárzala alrededor del milhojas. Decore con el perifollo y sirva en seguida.

Quiche de setas

Esta variedad de quiche puede prepararse combinando diferentes tipos de setas silvestres y champiñones, según la disponibilidad del mercado. Las setas silvestres poseen un fuerte sabor, por lo tanto la proporción que se utilice con respecto a los champiñones, estará en función del tipo elegido y de los gustos personales de cada consumidor.

Tiempo de preparación 45 minutos
Tiempo de cocción 1 hora 10 minutos
Para unas 4–6 porciones

250 g aprox. de pasta quebrada (vea página 58)
1 huevo batido

RELLENO
60 g de mantequilla
400 g de níscalos, setas calabaza, shiitake, setas ostra, champiñones de lata o cualquier otra combinación de los hongos anteriores, cortados en láminas
2 chalotes picados finos
1 huevo
2 yemas de huevo
100 ml de nata espesa
1 cucharada de cebollinos, de perejil y de perifollo, picados finos

1 Engrase ligeramente un molde para tarta, de fondo desmontable, de 20,5 x 2,5 cm. Estire la pasta sobre una superficie ligeramente enharinada hasta obtener 3 mm de grosor y forre el molde, según las Técnicas del chef de la página 59. Precaliente el horno a 180°C. Cueza la masa en seco durante 25 minutos o hasta que quede firme. Retire las alubias y el papel encerado y pinte la base de la pasta con el huevo batido. Hornéela durante 7 minutos (vea las Técnicas del chef de la página 59).

2 Para preparar el relleno, derrita la mantequilla, a fuego medio, en una sartén antiadherente. Saltee las setas durante unos 15 minutos o hasta que el líquido se haya evaporado por completo. Si utiliza diferentes tipos de setas, saltéelas por separado. Añada los chalotes picados y cuézalos durante 1 minuto. A continuación, escúrralos y resérvelos para que se enfríen.

3 Bata el huevo, las yemas, la nata y las hierbas y sazone la mezcla con sal y pimienta, al gusto.

4 Reparta la mezcla de setas sobre la pasta, ya cocida. Incorpore la mezcla de huevo y hornee de 25 a 30 minutos, hasta que adquiera una consistencia compacta o bien hasta que al pinchar con un cuchillo, éste salga limpio. Coloque la quiche sobre una rejilla metálica para que se enfríe ligeramente, antes de extraerla del molde. Déjala reposar durante 5 minutos, antes de cortarla.

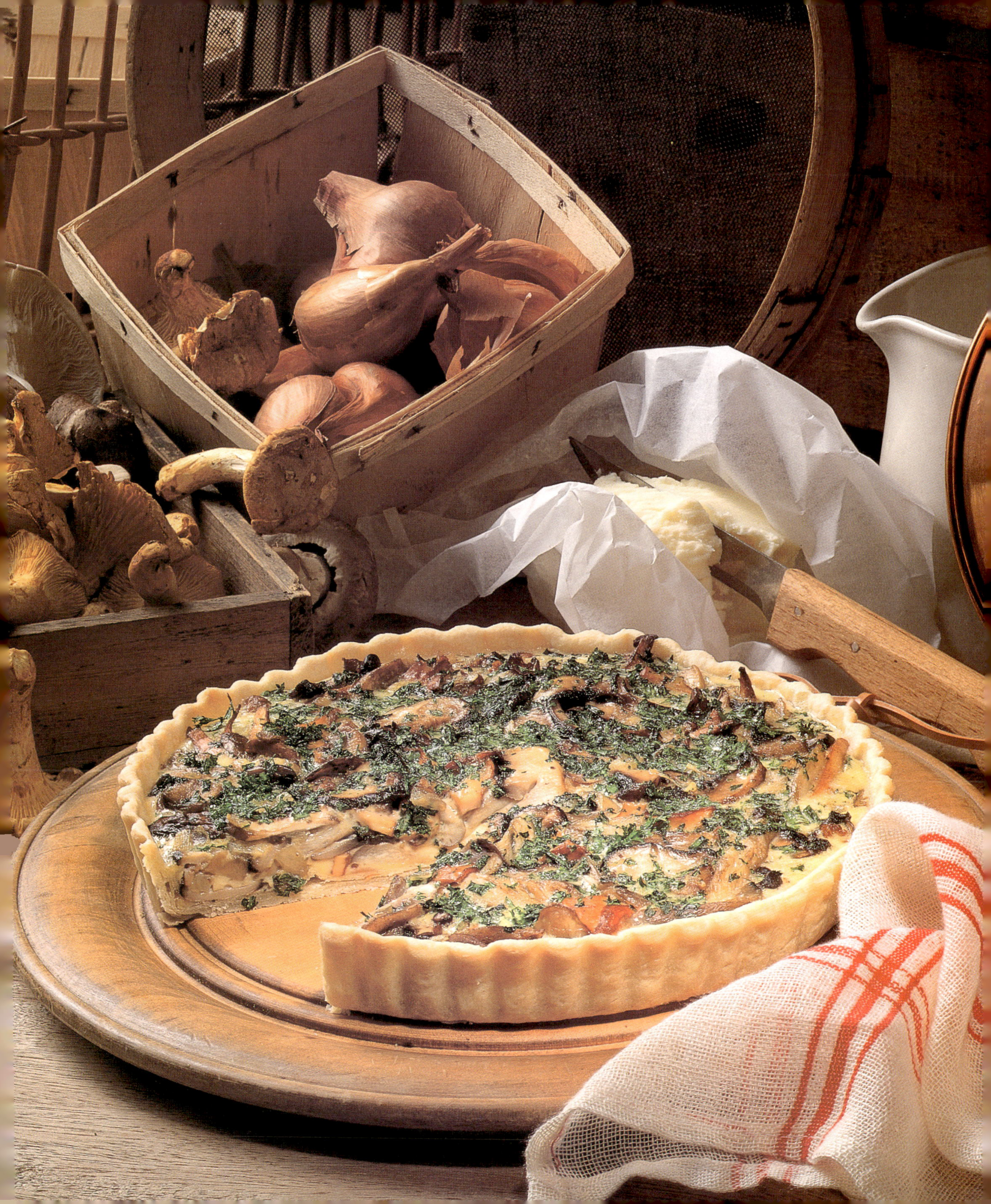

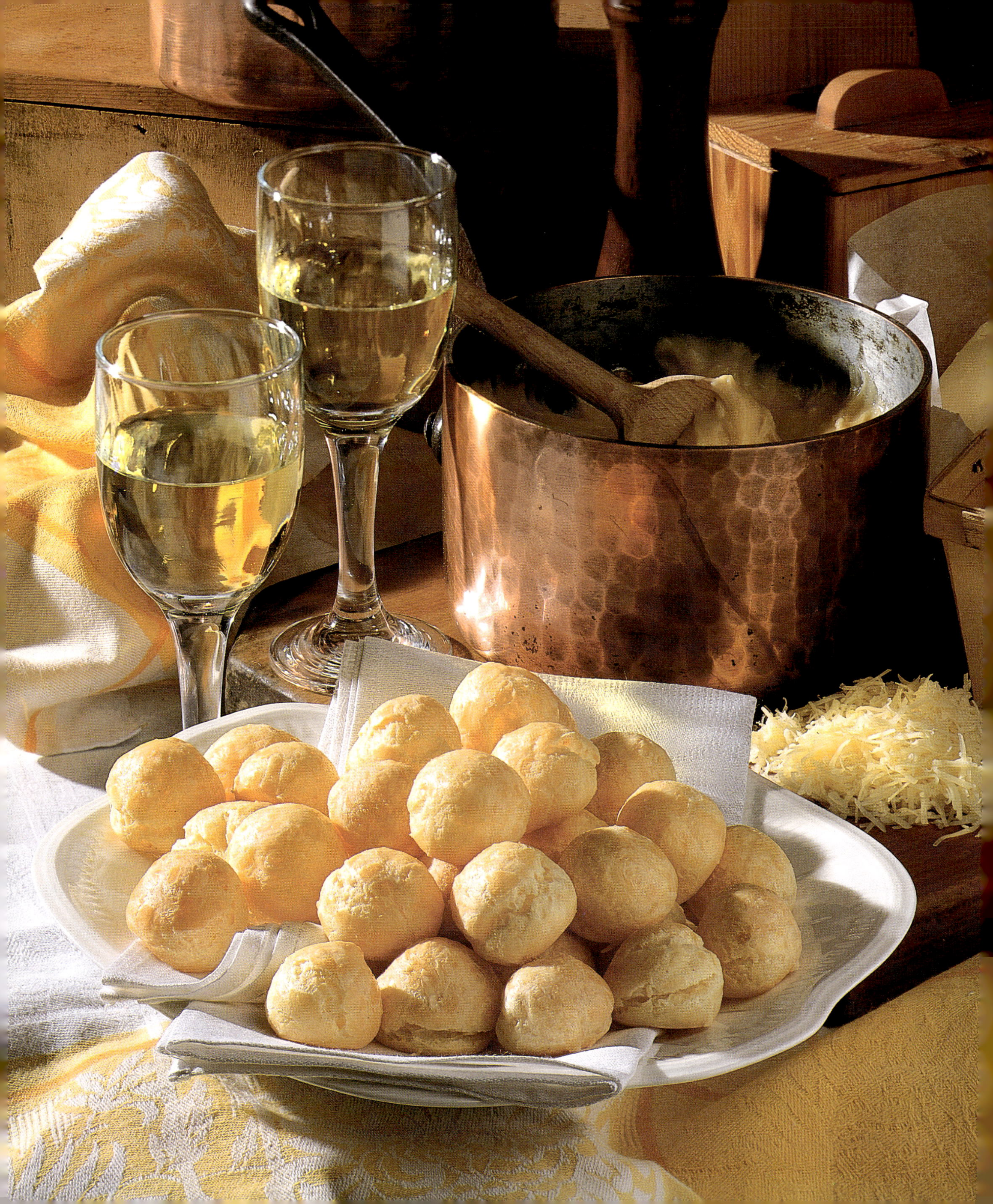

Gougères

En las bodegas de la Borgoña francesa, estos bocaditos de masa ligera de queso se sirven fríos, como acompañamiento para la degustación de sus caldos. En la página 62, encontrará las ilustraciones que le guiarán para elaborar esta receta.

Tiempo de preparación 25 minutos
Tiempo de cocción 25 minutos
Para unas 25–30 unidades

65 g de harina
30 g de mantequilla
1 pizca de nuez moscada
2 huevos
40 g de queso gruyère o cheddar rallado fino
1 huevo batido

1 Precaliente el horno a 170°C. Engrase ligeramente dos bandejas de horno y tamice la harina sobre una lámina de papel encerado. Llene un cazo con 125 ml de agua y añada la mantequilla, la nuez moscada y una pizca de sal. Caliente hasta que la mantequilla y el agua empiecen a hervir. A continuación, retire el cazo del fuego e incorpore toda la harina. Remueva bien con la ayuda de una cuchara de madera. Vuelva a calentar el conjunto hasta que se formen grumos y la pasta empiece a adherirse a las paredes del cazo. Retire del fuego y vierta la pasta en un bol. Bata un poco los huevos en otro bol pequeño, vaya incorporándolos a la pasta y bátalos con la ayuda de un robot de cocina o bien con una cuchara de madera. La pasta estará lista cuando presente un aspecto cremoso, consistente y brillante. Mezcle, entonces, la mitad del queso.

2 Introduzca la mezcla en una manga pastelera de boquilla pequeña y plana. Moldee pequeñas bolas de pasta de 2,5 cm de diámetro sobre las bandejas del horno, ya preparadas, procurando mantener una separación de 3 cm entre las bolitas. Con la ayuda de un tenedor, previamente mojado en el huevo batido, aplaste ligeramente la superficie de cada bolita y espolvoréelas con el resto del queso rallado. Hornéelas de 20 a 25 minutos o hasta que las bolitas hayan aumentado su volumen y estén doradas. Sírvalas calientes.

Nota del chef Este aperitivo es fácil de preparar y puede tomarse antes de la cena. En algunos restaurantes, las gougères se sirven antes de las comidas, acompañadas de una copa. Los franceses se refieren a ellas como *amouse-bouche* o pequeños bocaditos para entretener el hambre.

Tarta provenzal

Esta tarta, preparada con masa de levadura, nos reserva en su interior una gran variedad de hortalizas cocidas con aceite y con un toque de albahaca fresca. Todo un derroche de aromas naturales del Midi francés en nuestra mesa.

Tiempo de preparación 1 hora 15 minutos + 40 minutos para que suba la masa
Tiempo de cocción 1 hora
Para 4–6 porciones

MASA
200 g de harina
1 cucharadita de sal
1 cucharadita de azúcar extrafino
10 g de levadura fresca o 5 g de levadura en polvo
1 huevo

RELLENO
aceite de oliva
1 cebolla pequeña cortada en dados
1 pizca de sal
200 g de tomates sin piel ni semillas, picados (vea página 63)
2 dientes de ajo picados finos
1 calabacín cortado en dados
1 berenjena cortada en dados
1 huevo
1 yema de huevo
100 ml de nata
2 cucharadas de albahaca fresca picada

1 Para preparar la pasta, mezcle en un bol la harina, la sal y el azúcar y practique un hueco en el centro. A continuación, disuelva la levadura en otro bol con 60 ml de agua caliente. Bata el huevo y el aceite de oliva y viértalos poco a poco en el hueco. Con la ayuda de una cuchara de madera, mézclelos con la harina. Cuando la masa adquiera una textura compacta y rugosa, viértala sobre una superficie de trabajo enharinada (en caso necesario, raspe las paredes del bol). Trabaje la masa durante 5 minutos o hasta que esté cremosa y deje de adherirse a la superficie. Unte un bol con un poco de aceite y coloque la masa en su interior. Cúbralo con film transparente, también untado en aceite y resérvelo en un lugar caliente durante 30 ó 40 minutos hasta que suba la masa y doble su volumen inicial.

2 Para elaborar el relleno, caliente un poco de aceite de oliva en una sartén honda. Añada la cebolla y la sal, y deje cocer de 3 a 5 minutos o hasta que la cebolla esté tierna, pero sin que se dore. Incorpore el tomate y el ajo, déjelos cocer a fuego lento durante otros 3 minutos o hasta que se evapore el líquido removiéndolos de vez en cuando. A continuación, saltee por separado el calabacín y la berenjena. Incorpórelos a la mezcla de tomate, tápelos y déjelos cocer a fuego lento durante 15 minutos. Sazónelos con sal y pimienta al gusto, y páselos a un bol colocado sobre hielo. Déjelos enfriar, removiendo de vez en cuando.

3 Precaliente el horno a 170°C. Engrase ligeramente un molde de fondo desmontable de 20,5 x 2,5 cm. En un bol pequeño bata el huevo, la yema de huevo y la nata. Sazone con sal y pimienta al gusto.

4 Golpee la pasta y vuélquela sobre la superficie de trabajo enharinada. Espolvoréela ligeramente con harina, estírela con la ayuda de un rodillo hasta conseguir una lámina de 3 mm de grosor y con ella forre el molde, ya preparado (vea las Técnicas del chef de la página 59). Cúbrala con un paño de algodón y resérvela.

5 Incorpore en el bol de las verduras frías la mezcla de huevo y la albahaca picada. A continuación, vierta la mezcla en el molde, ya preparado, y hornéela de 30 a 35 minutos o hasta que adquiera un bonito tono tostado. Coloque la tarta sobre una rejilla de aluminio para que se enfríe un poco, antes de extraerla del molde. Déjala reposar durante 5 minutos y, a continuación, córtela.

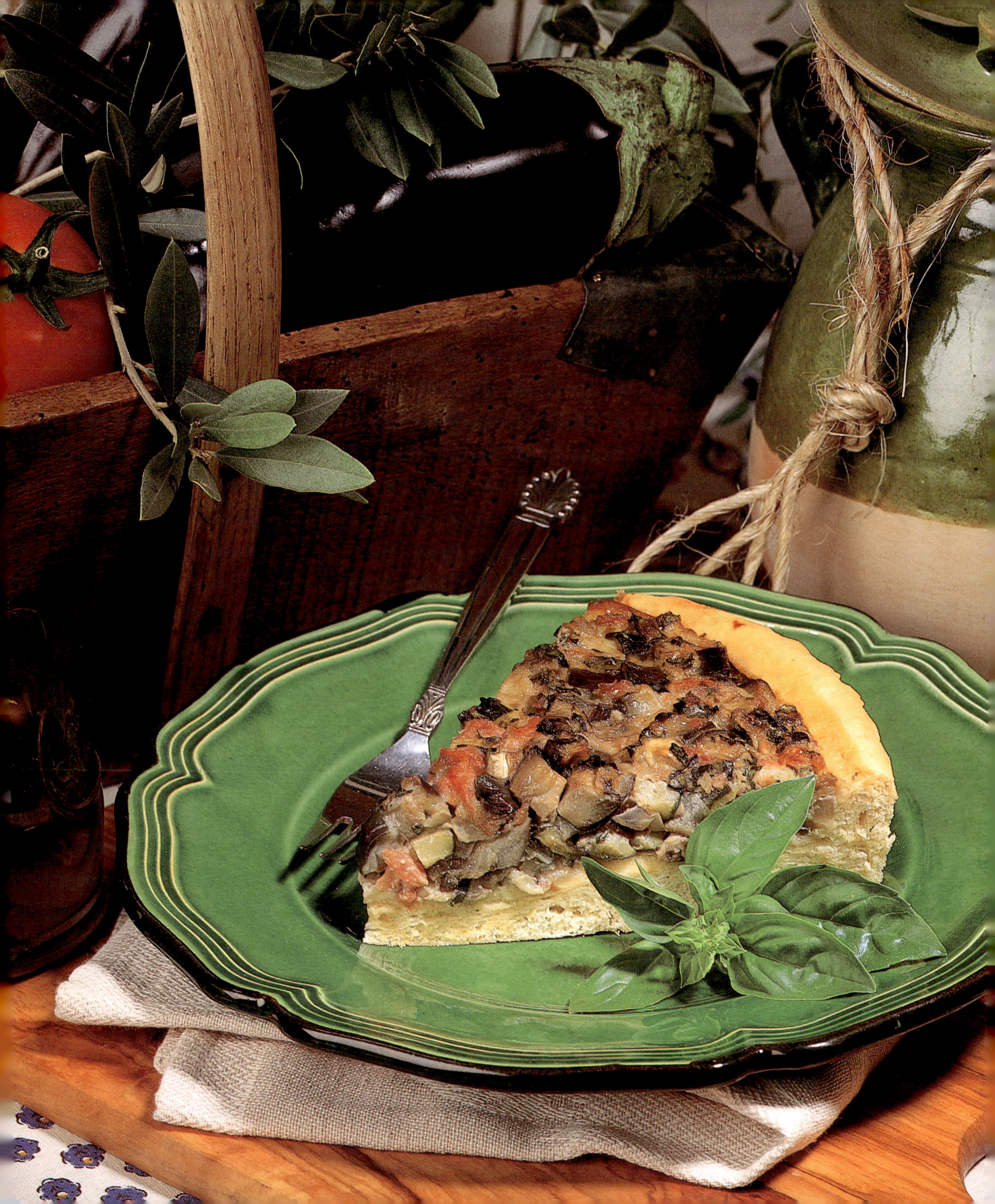

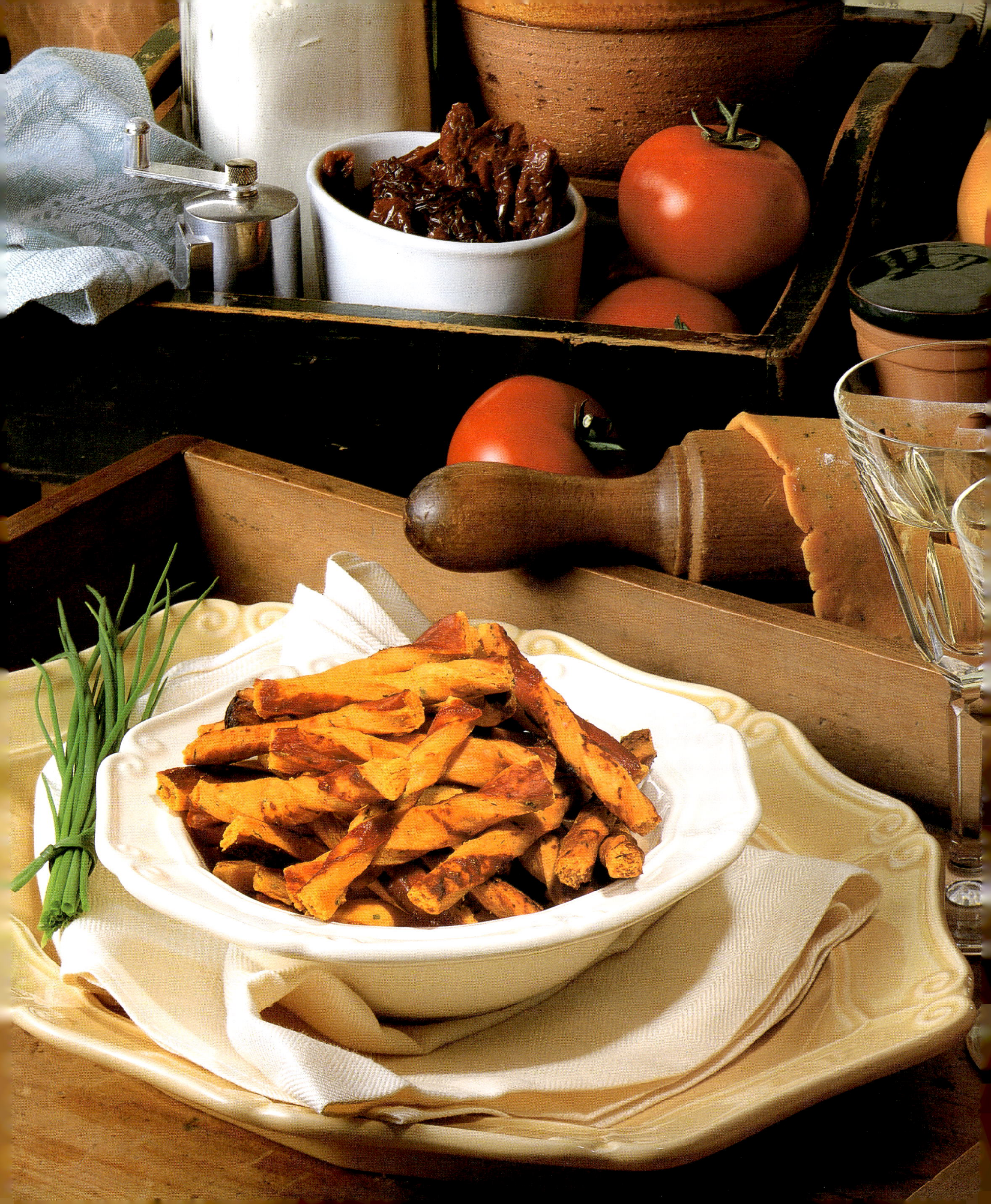

Tirabuzones de tomate

Los tirabuzones de tomate resultan igual de apetitosos tanto fríos como calientes. Pueden servirse acompañados de bebidas para el aperitivo y se pueden preparar con antelación, siempre que se conserven en un recipiente hermético.

Tiempo de preparación 20 minutos
   + 1 hora 15 minutos para enfriar
Tiempo de cocción 15 minutos
Para unas 80 unidades

250 g de harina
1 1/2 cucharadita de sal
1 pizca de pimienta
1 pizca de pimentón dulce
1/2 cucharadita de levadura
150 g de mantequilla fría y cortada en dados
un poco de Tabasco
4 cucharadas de cebollinos frescos picados
1 huevo ligeramente batido
100 g de concentrado de tomate
50 g de tomates secos picados finos

1 Engrase dos bandejas de horno. Tamice en un bol la harina junto con la sal, la pimienta, el pimentón dulce y la levadura. Añada la mantequilla y el Tabasco y mezcle la harina con los dedos hasta conseguir una textura parecida a la del pan rallado. A continuación, incorpore los cebollinos y practique un hueco en el centro.

2 En un bol pequeño, bata ligeramente el huevo, vierta la mitad en otro bol, junto con la mitad del concentrado de tomate, y deseche el huevo restante. Con la ayuda de una espátula, incorpore la mezcla de harina y remueva bien hasta que todos los ingredientes estén perfectamente mezclados. Con la pasta obtenida, forme una bola, cúbrala con film transparente y refrigérela durante 1 hora.

3 Estire la masa sobre una superficie ligeramente enharinada hasta obtener 3 mm de espesor. Colóquela en una bandeja, cúbrala con film transparente y refrigérela durante 15 minutos más.

4 Precaliente el horno a 200°C. Mientras, coloque el concentrado de tomate restante y los tomates secos en un robot de cocina y tritúrelos hasta conseguir una textura homogénea. Esparza la mezcla sobre la pasta y corte ésta en tiras de 1 cm de ancho. Retuérzalas de manera que obtenga tirabuzones.

5 Coloque los tirabuzones en las bandejas de horno ya preparadas y retuérzalos ligeramente a medida que los va distribuyendo. Presione los extremos (de los tirabuzones) contra el fondo de la bandeja para evitar que se desenrollen durante la cocción. Hornee de 10 a 15 minutos o hasta que estén dorados y queden rígidos. Córtelos en tiras de 7 cm cuando todavía estén calientes y páselos a una rejilla de aluminio para que se enfríen antes de servirlos.

Quiche de ricotta y espinacas

La clásica mezcla de espinacas y ricotta, con el original aroma de la nuez moscada, hacen que el relleno de esta quiche vegetariana resulte delicioso.

Tiempo de preparación **30 minutos**
Tiempo de cocción **1 hora 10 minutos**
Para 4–6 porciones

RELLENO
500 g de espinacas
20 g de mantequilla
3 huevos
200 g de queso ricotta
100 ml de nata espesa
nuez moscada al gusto

250 g aprox. de pasta quebrada (vea página 58)
1 huevo batido

1 Para preparar el relleno, limpie bien las espinacas, retire los tallos y séquelas por completo con papel de cocina. Derrita la mantequilla en una sartén, a fuego medio, e incorpore las espinacas. Rehóguelas durante unos 8 minutos o hasta que estén tiernas y el líquido se haya evaporado. Déjelas enfriar en un colador apretándolas para escurrirlas bien. A continuación, trocee las espinacas.

2 Precaliente el horno a 180°C. Mientras, engrase un molde para tarta de fondo desmontable, de 20,5 x 2,5 cm. Estire la pasta sobre una superficie de trabajo ligeramente enharinada hasta conseguir 3 mm de espesor y forre el molde ya preparado (según las Técnicas del chef de la página 59). Cueza la pasta en seco durante unos 25 minutos o hasta que esté firme. Retire las alubias y el papel encerado y pinte la base de la pasta con el huevo batido. Hornee durante 7 minutos más, siguiendo las Técnicas del chef de la página 59.

3 Bata en un bol los huevos, el queso y la nata y añada las espinacas. Sazone con sal, pimienta y nuez moscada. Reparta la mezcla sobre la pasta y hornéela durante 20 ó 30 minutos o hasta que al pincharla con un cuchillo, éste salga limpio. Pásela a una rejilla metálica para que se enfríe un poco antes de extraerla del molde. Déjela reposar durante 5 minutos antes de cortarla.

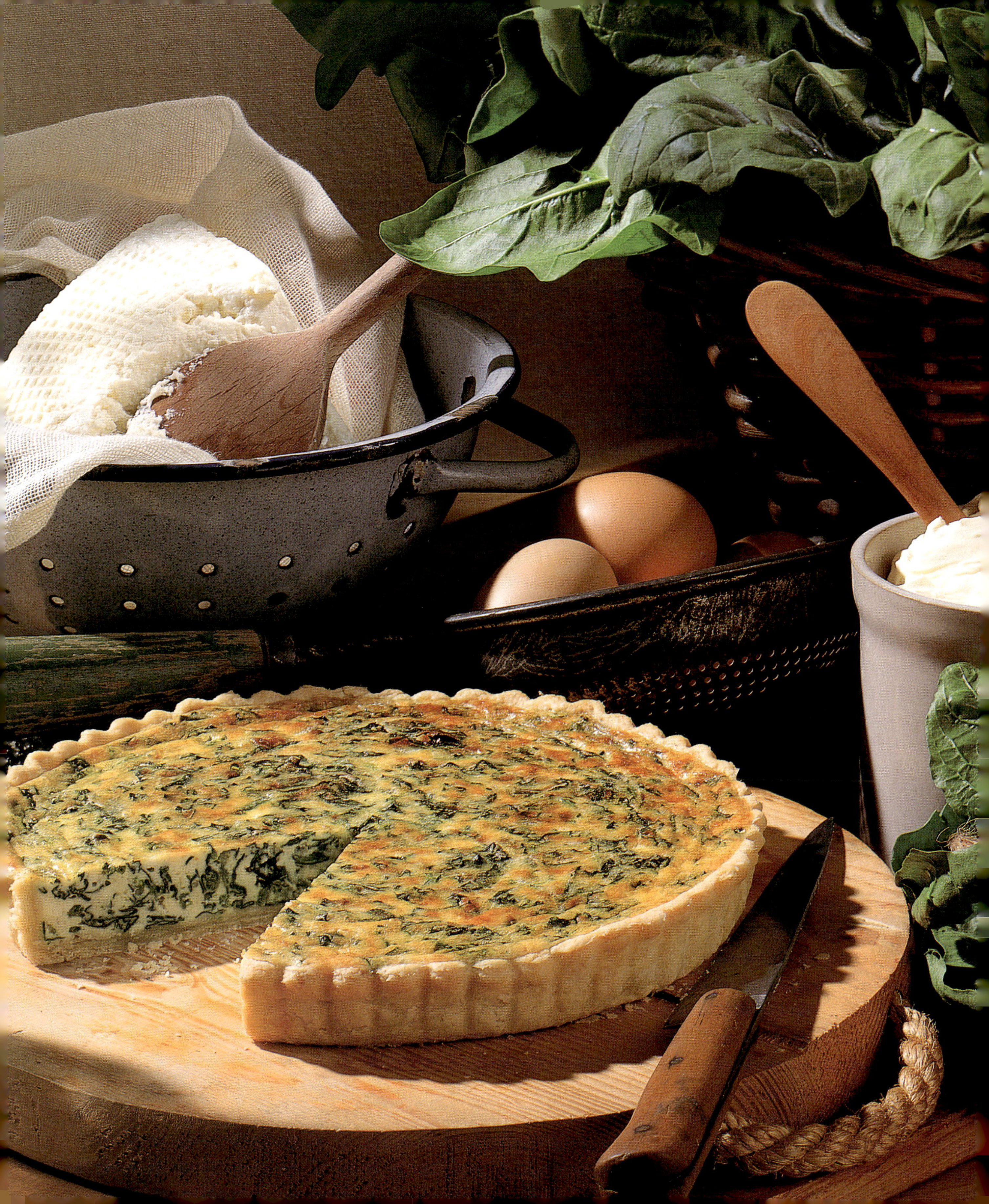

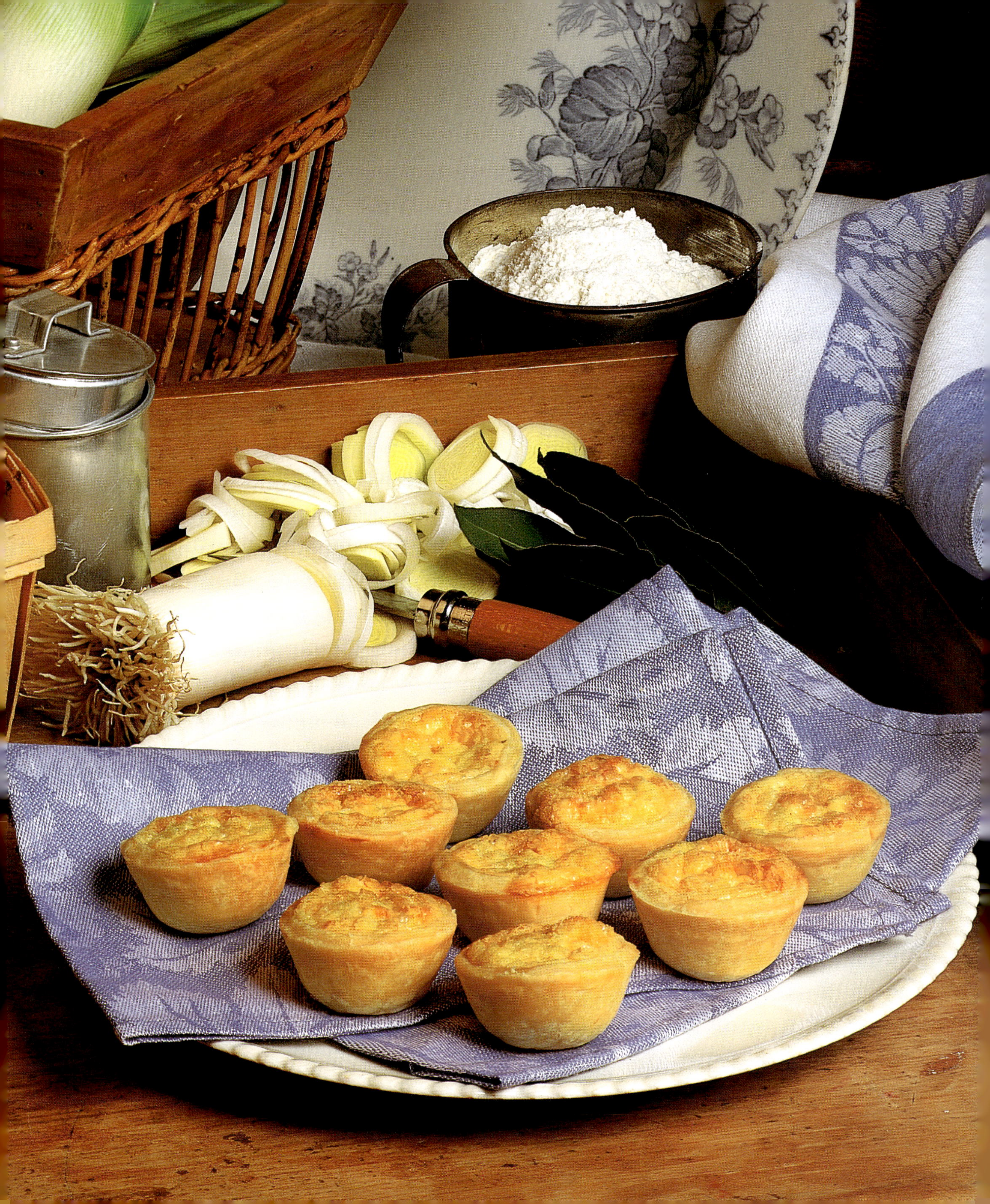

Tartaletas de puerros

Las tartaletas rellenas de puerros y comino resultan deliciosas, si se acompañan con alguna bebida para el aperitivo. También puede prepararse una sola tarta de varias porciones y servirse como primer plato.

Tiempo de preparación 45 minutos + 15 minutos para enfriar
Tiempo de cocción 40 minutos
Para 30 unidades

RELLENO
40 g de mantequilla
1 puerro grande (sólo la parte blanca) cortado fino (vea página 63)
1 hoja de laurel
1 pizca de tomillo seco
1 pizca de sal
1/4 cucharadita de comino molido
160 ml de nata espesa
1 huevo
1 yema de huevo

530 g de pasta quebrada (vea página 58)

1 Para preparar el relleno, funda la mantequilla en un cazo a fuego lento. Incorpore el puerro, la hoja de laurel, el tomillo y la sal. Tape el cazo y deje cocer durante 5 minutos. A continuación, destápelo y déjelo cocer durante 5 ó 10 minutos más o hasta que el líquido se haya evaporado por completo. Retire la hora de laurel y añada el comino. Mezcle bien y reserve para que se enfríe.

2 Mientras, engrase tres bandejas de 12 magdalenas o pastelillos. Estire la masa sobre una superficie ligeramente enharinada hasta conseguir 3 mm de grosor y refrigere durante 5 minutos. A continuación, precaliente el horno a 170°C. Mientras, con la ayuda de un cortapastas redondo y plano, de 7 cm de diámetro, realice 30 círculos. Forre los moldes con los círculos presionando bien hacia el fondo de manera que la pasta sobrepase los bordes y refrigérelos durante 10 minutos.

3 Mezcle la nata, el huevo y la yema, remueva bien y sazone con sal y pimienta. Seguidamente, rellene cada tartaleta con 1/2 cucharada de la mezcla de puerros y vierta encima la mezcla de nata. Hornee de 10 a 15 minutos o hasta que el relleno esté cocido. Retire las tartaletas de los moldes cuando aún estén calientes. Si se han pegado, despréndalas con la punta de un cuchillo.

Tarta de salmón y albahaca

Esta tarta de delicado sabor resulta deliciosa si se consume en verano, acompañada de una ensalada verde y de una copa de vino blanco seco, bien frío.

Tiempo de preparación 40 minutos
Tiempo de cocción 1 hora
Para 4–6 porciones

250 g aprox. de pasta quebrada (vea página 58)
1 huevo batido

RELLENO
300 g de salmón fresco sin piel ni espinas
1 huevo
150 ml de nata espesa
200 ml de leche
1 cucharada de albahaca fresca picada fina

1 Precaliente el horno a 180°C. Engrase ligeramente un molde de 22 x 2,5 cm, de fondo desmontable. Estire la pasta sobre una superficie ligeramente enharinada hasta conseguir 3 mm de grosor y forre el molde ya preparado (vea las Técnicas del chef de la página 59). Cueza en seco durante 25 minutos o hasta que la masa esté firme. Retire las judías y el papel parafinado y pinte la base de la pasta con el huevo batido. Hornéela durante 7 minutos más (consulte las Técnicas del chef de la página 59).

2 Para preparar el relleno, corte el salmón en dados pequeños e introdúzcalos en un robot de cocina. Tritúrelos en sesiones cortas hasta conseguir un puré fino. Incorpore el huevo y bata durante 10 segundos más. Seguidamente, añada la nata y bata de nuevo hasta que la mezcla adquiera un aspecto cremoso. Pásela a un bol y añada la leche, removiendo. Sazone con sal y pimienta e incorpore, a continuación, la albahaca.

3 Vierta la mezcla sobre la pasta y hornee de 20 a 30 minutos o hasta que observe que ha cuajado. Estará lista si al pinchar en el centro con la punta de un cuchillo, ésta sale limpia. A continuación, coloque la tarta sobre una rejilla metálica para que se enfríe un poco antes de extraerla del molde. Deje que se enfríe ligeramente y sírvala templada acompañada de una ensalada verde.

Nota del chef Antes de llenar el molde, puede esparcir en el fondo salmón cocido, picado o desmenuzado.

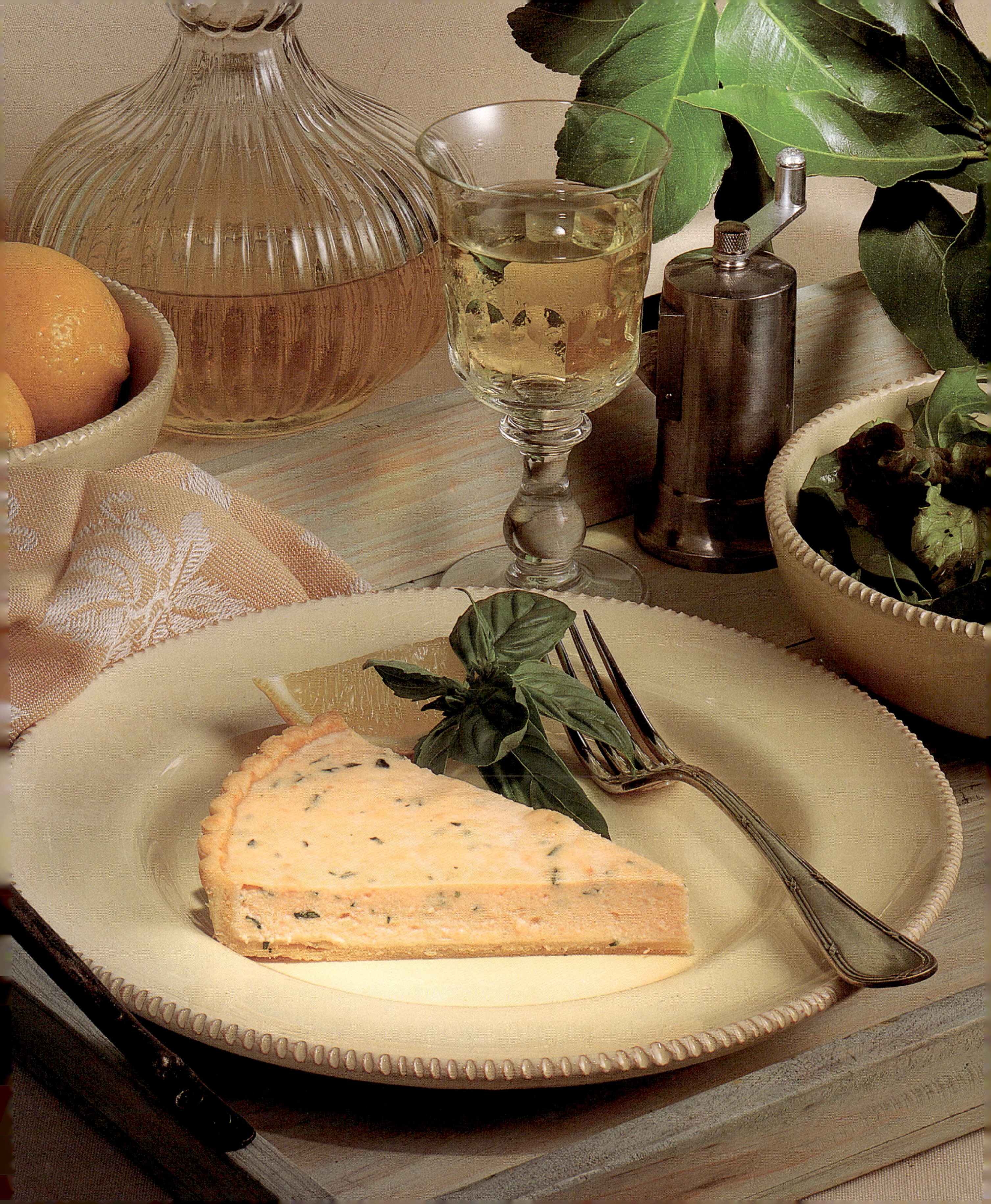

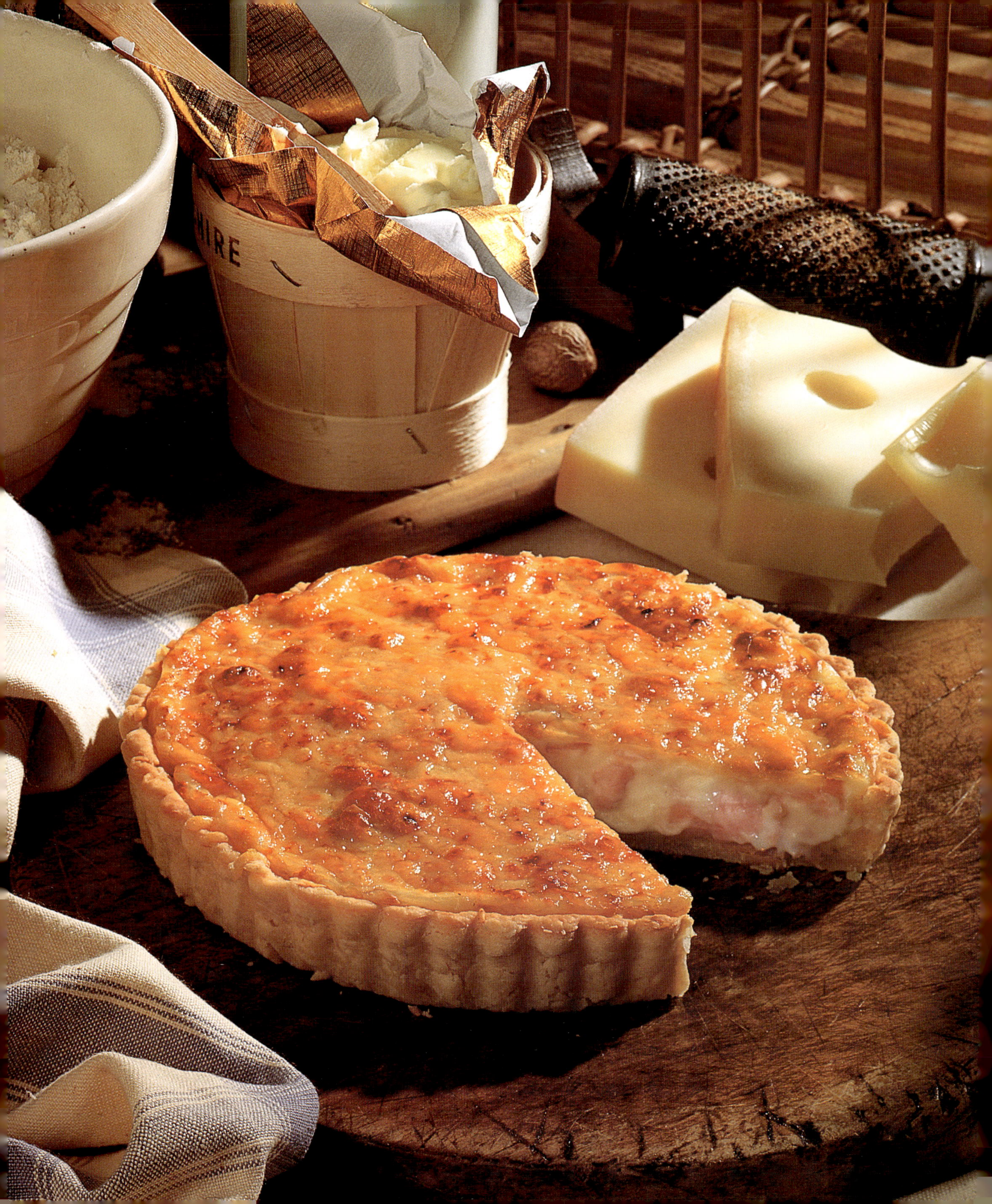

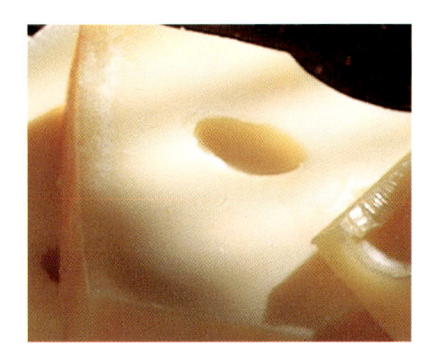

Tarta de jamón

Las lonchas de jamón bañadas en una cremosa salsa y cubiertas por un manto dorado de queso fundido, hacen de esta tarta el plato preferido de niños y adultos. Si desea darle un pequeño toque original, puede utilizar jamón ahumado o añadirle un poco de mostaza a la salsa.

Tiempo de preparación 30 minutos + 20 minutos para enfriar
Tiempo de cocción 45 minutos
Para 4–6 porciones

250 g aprox. de pasta quebrada (vea página 58)

RELLENO
60 g de mantequilla
60 g de harina
500 ml de leche
150 g de jamón cortado en tiras de 4 x 1 cm
1 pizca de nuez moscada
80 g de queso emmental rallado o cortado muy fino

1 Precaliente el horno a 180°C y engrase un molde para tartas, de fondo desmontable. Estire la pasta sobre una superficie ligeramente enharinada hasta formar un círculo de 3 a 5 mm de grosor y utilícelo para forrar el molde, ya preparado (vea las Técnicas del chef de la página 59).

2 Cueza la pasta en seco durante 10 minutos o hasta que esté firme. Retire las alubias y el papel y hornéela durante 5 minutos más o hasta que el centro empiece a adquirir color (vea las Técnicas del chef de la página 59). Retire la masa del horno y déjela enfriar; baje la temperatura del horno a 170°C.

3 Para preparar el relleno, derrita la mantequilla en un cazo a fuego medio y espolvoree el fondo con harina. Déjela cocer durante 1 ó 2 minutos, sin que se dore, removiéndola continuamente con la ayuda de una cuchara de madera. Incorpore la leche gradualmente y remuévala para evitar que se formen grumos con cuidado de no salpicar. Déjela cocer durante 8 minutos a fuego medio, sin dejar de remover para evitar que aparezcan burbujas, o hasta que observe que la salsa está espesa y cremosa y haya reducido su volumen inicial en dos tercios. La salsa estará en su punto, cuando al pasar una cuchara por el fondo del cazo, éste se vea claramente. Incorpore el jamón y la nuez moscada, y sazone con sal y pimienta. Cúbrala con papel de cocina y resérvela durante 20 minutos para que se enfríe.

4 Reparta la mezcla sobre la pasta y espolvoree el queso. Hornéela de 10 a 15 minutos o hasta que el queso haya adquirido una tonalidad dorada y aparezcan burbujas en su superficie. Para que tome color, complete la cocción de la tarta gratinándola durante 30 segundos. Retírela del fuego y pásela a una rejilla metálica para que se enfríe ligeramente antes de extraerla del molde. Déjala reposar durante 15 ó 20 minutos antes de cortarla en porciones. Sírvala caliente.

Quiche de pimientos

Esta deliciosa y colorida quiche resulta mucho más sabrosa si se sirve fría. Si no puede conseguir el pimiento amarillo, emplee sólo el rojo y el verde, pero tenga en cuenta que el rojo tiene un sabor mucho más dulce y suave que el verde.

Tiempo de preparación 45 minutos
Tiempo de cocción 1 hora y 35 minutos
Para 4–6 porciones

RELLENO
1 pimiento rojo
1 pimiento amarillo
1 pimiento verde
3 huevos
250 ml de nata espesa
nuez moscada
  al gusto
40 g de queso gruyère
  rallado

250 g aprox. de pasta quebrada
  (vea página 58)
1 huevo batido

1 Para preparar el relleno, ase los pimientos, según el procedimiento utilizado en las Técnicas del chef de la página 63. A continuación, córtelos longitudinalmente en tiras.

2 Precaliente el horno a 170°C. Engrase un molde para tarta de fondo desmontable de 22 x 3,5 cm. Estire la pasta sobre una superficie ligeramente enharinada hasta conseguir un espesor de 3 mm y forre el molde ya preparado (vea las Técnicas del chef de la página 59). Cuézala en seco 25 minutos o hasta que esté firme. Retire las alubias y el papel y pinte la base de la pasta con el huevo batido. Hornéala 7 minutos (vea las Técnicas del chef de la página 59).

3 Mezcle los huevos y la nata y sazone con sal, pimienta y nuez moscada al gusto. Esparza el pimiento en el fondo del molde de pasta ya cocida, y espolvoree el queso rallado. Incorpore la mezcla de huevo y hornéela durante 40 minutos hasta que esté firme o hasta que al pincharla con un cuchillo, éste salga limpio. Pásela a una rejilla metálica para que se enfríe un poco antes de extraerla del molde y déjela reposar durante 5 minutos antes de cortarla.

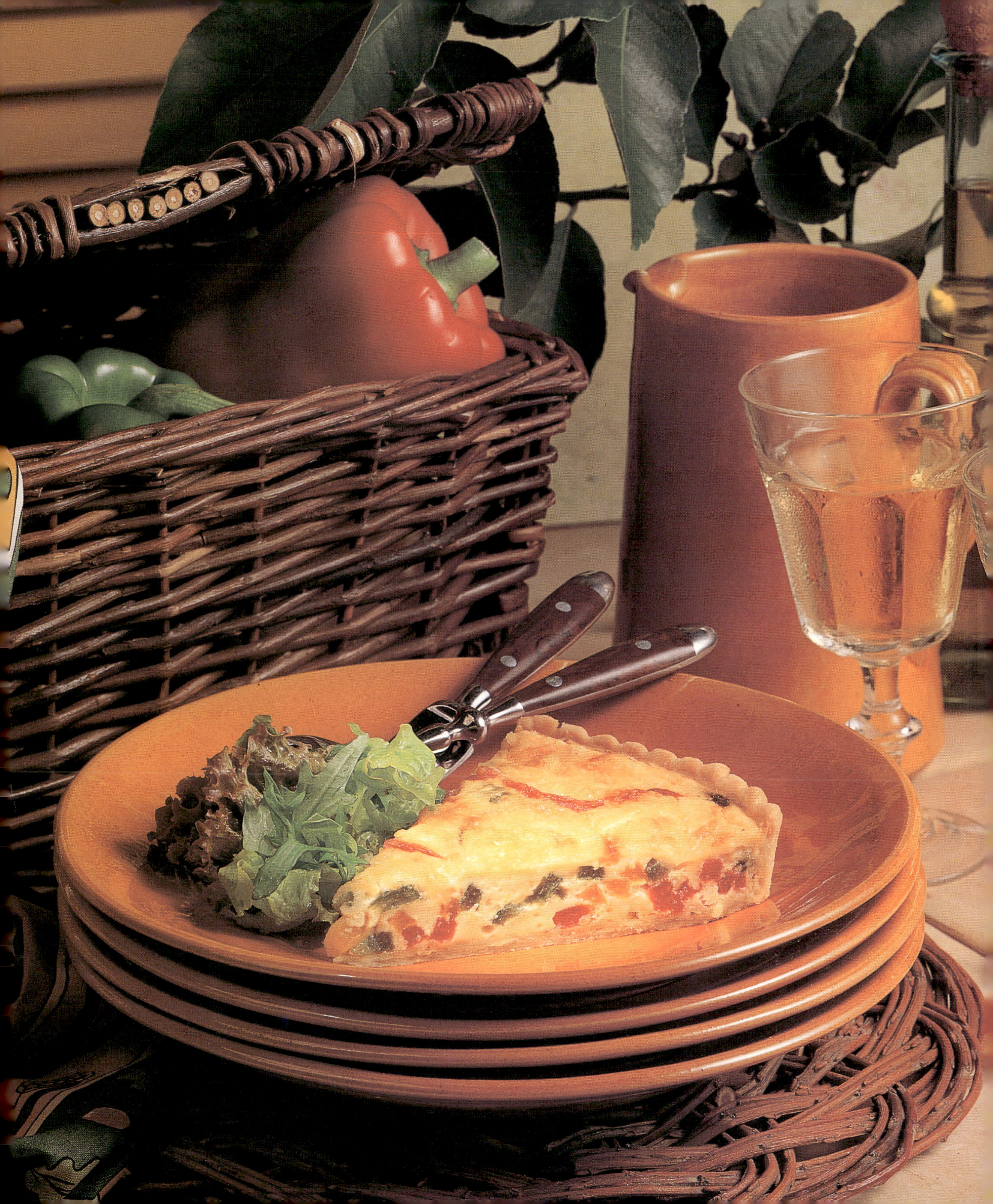

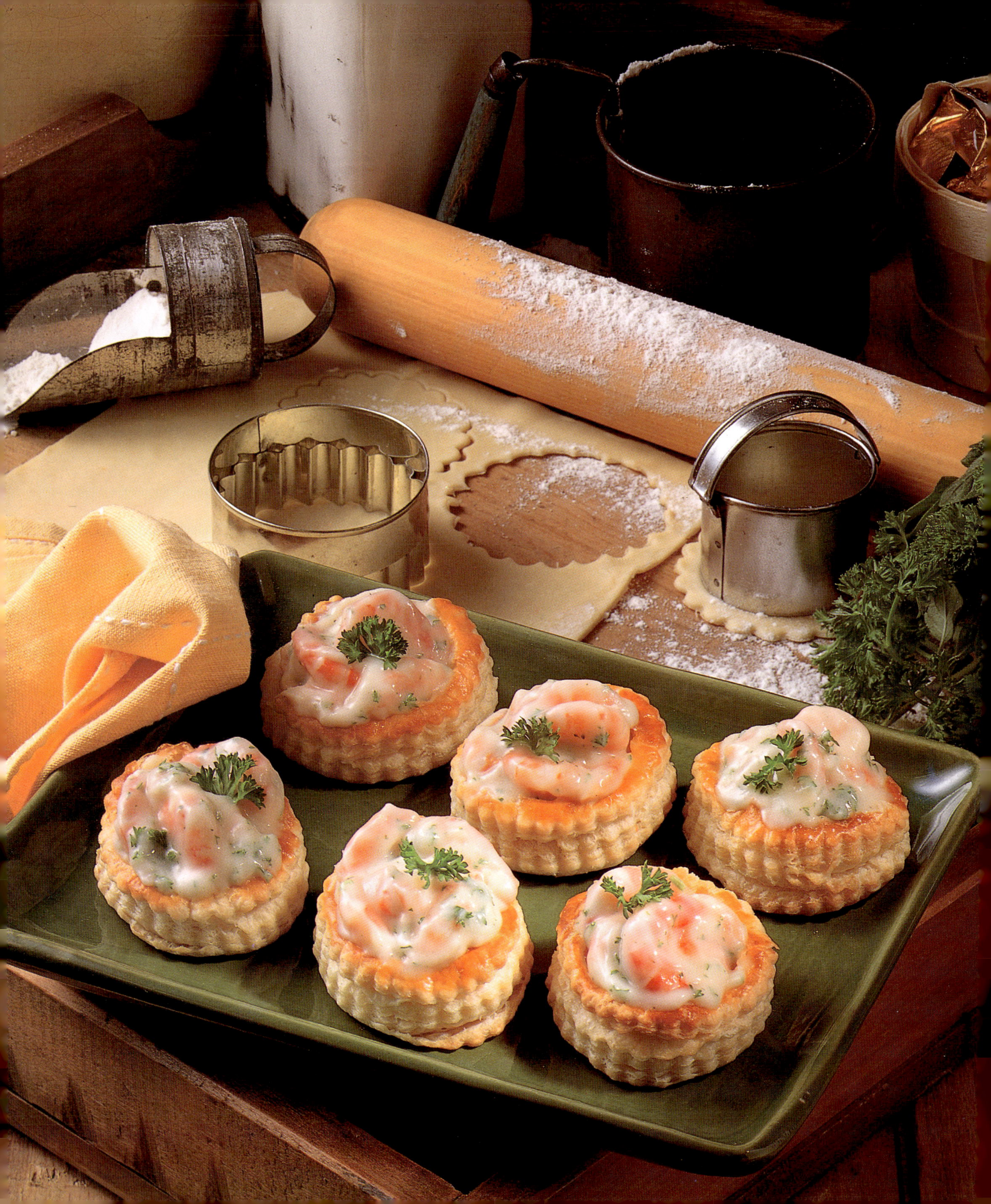

Bouchées de gambas

Las bouchées son tartaletas de pasta de hojaldre con un sabroso relleno en su interior. Estos bocaditos tuvieron un éxito espectacular en la corte de Luis XV y de su esposa, célebres, entre otros aspectos, por su insaciable apetito.

Tiempo de preparación 15 minutos + 35 minutos para enfriar
Tiempo de cocción 20 minutos
Para 8 unidades

250 g aprox. de pasta de hojaldre (vea página 60)
1 huevo batido

RELLENO
30 g de mantequilla
30 g de harina
250 ml de caldo de pescado o marisco, o leche
250 g de gambas cocidas peladas
2 cucharadas de hierbas aromáticas frescas picadas

1 Engrase con mantequilla una bandeja grande de horno y refrigérela hasta el momento de usarla. Estire la pasta sobre una superficie ligeramente enharinada hasta obtener un grosor de 5 mm. Retire el exceso de harina y realice ocho círculos con un cortapastas redondo y acanalado. Rocíe la bandeja de horno con un poco de agua fría, dé la vuelta a los círculos y colóquelos en la bandeja. A continuación, píntelos con el huevo batido, déjelos enfriar durante 5 minutos y repita esta operación. Hunda los dos tercios de un cortapastas de 5 cm, redondo y plano, ligeramente enharinado, en cada uno de los redondeles para que quede marcado un círculo interior. Refrigere durante 30 minutos.
2 Precaliente el horno a 220 °C. Pinte nuevamente la superficie de cada círculo con el huevo batido. Hornéelos en la posición media del horno entre 10 a 12 minutos o hasta que su volumen haya aumentado lo suficiente y estén dorados y crujientes. Retírelos del horno y córtelos por la marca del círculo interior para retirar la parte superior, mientras estén calientes. Raspe el exceso de pasta blanda que haya quedado en el interior de los moldes. Si lo desea, puede introducirlos de nuevo en el horno durante 30 segundos para que se sequen. Para ello, apague el horno y aproveche el calor que todavía conserva.
3 Para preparar el relleno, derrita la mantequilla en un cazo, incorpore la harina y cueza a fuego lento durante 1 minuto. Retire el cazo del fuego y añada el caldo o la leche, mézclelo bien con la ayuda de una cuchara de madera y póngalo de nuevo a calentar a fuego lento. Remueva continuamente hasta eliminar los grumos. Aumente el fuego, siga removiendo hasta llevarlo a ebullición y déjelo hervir durante 2 ó 3 minutos. Antes de servir, incorpore las gambas para que se calienten. Por último, añada las hierbas aromáticas y sazone con sal y pimienta al gusto.
4 Con la ayuda de una cuchara, coloque la mezcla en los moldes de pasta cuando aún estén calientes. Si lo prefiere, puede decorar las bouchées con una mezcla de hierbas picadas o con más gambas. Puede cubrirlas con la tapa o dejarlas al descubierto.

Notas del chef Si emplea para esta receta gambas cocidas congeladas, debe descongelarlas bien y secarlas. No las lave, ni las descongele en agua fría, ya que podrían perder gran parte de su sabor.

Una vez cortados los círculos de pasta, debe darles la vuelta en la bandeja del horno para que crezcan de modo uniforme.

Si las tartaletas se han enfriado, vuélvalas a calentar en el horno a 180 °C durante 5 minutos y rellénelas con la mezcla caliente.

Tarta de patata y bacon

Esta tarta de pasta quebrada, que se prepara con patatas cortadas finas, bacon, queso, perejil y un cremoso relleno, debe servirse caliente. Es muy importante cortar las patatas en rodajas finas para que puedan cocerse bien.

Tiempo de preparación 25 minutos
Tiempo de cocción 1 hora
Para 6 porciones

250 g aprox. de pasta quebrada (vea página 58)

RELLENO
1 patata cortada fina
100 g de bacon cortado en tiras de 1 cm de ancho
2 huevos
120 ml de nata espesa
100 ml de leche
1 cucharadita de perejil fresco picado fino
50 g de queso emmental rallado

1 Precaliente el horno a 180°C y engrase un molde rectangular de fondo desmontable de 19 x 27 x 2,5 cm. Estire la pasta sobre una superficie enharinada hasta conseguir unos 3 mm de espesor. A continuación, forre el molde, ya preparado, siguiendo las Técnicas del chef de la página 59.

2 Cueza la pasta en seco durante 10 minutos o hasta que esté firme. Retire las alubias y el papel encerado y hornéela durante 5 minutos más o hasta que el centro empiece a dorarse, según las Técnicas del chef de la página 59. Retírela del horno para que se enfríe y reduzca la temperatura a 170°C.

3 Para preparar el relleno, seque las rodajas de patata con papel de cocina. Seguidamente, introduzca el bacon en una sartén pequeña, cúbralo con agua fría, llévelo a ebullición, deje que hierva durante 2 minutos y retire el agua. A continuación, mezcle los huevos, la nata espesa y la leche en un bol pequeño y salpimiente.

4 Reparta de modo uniforme las rodajas de patata y de bacon sobre la base de la pasta, espolvoree con el perejil y el queso y vierta, por último, la mezcla de huevo. Hornéelo de 35 a 40 minutos, hasta que la mezcla esté lista, la superficie dorada, aparezcan burbujas y las patatas se hayan cocido bien. Puede comprobarlo introduciendo la punta de un cuchillo en la tarta. Colóquela sobre una rejilla metálica para que se enfríe ligeramente antes de extraerla del molde. Sírvala templada junto con una apetitosa ensalada verde.

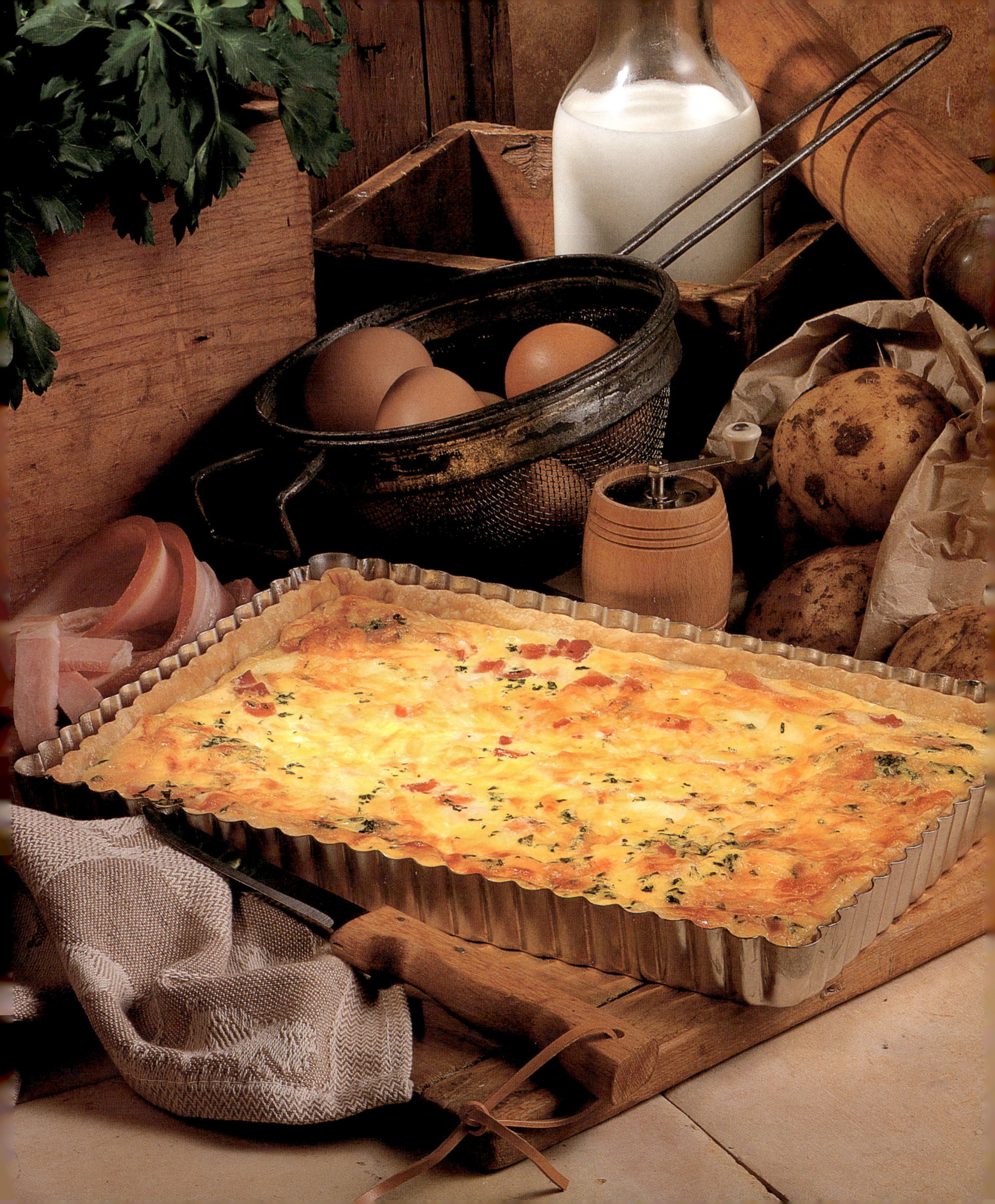

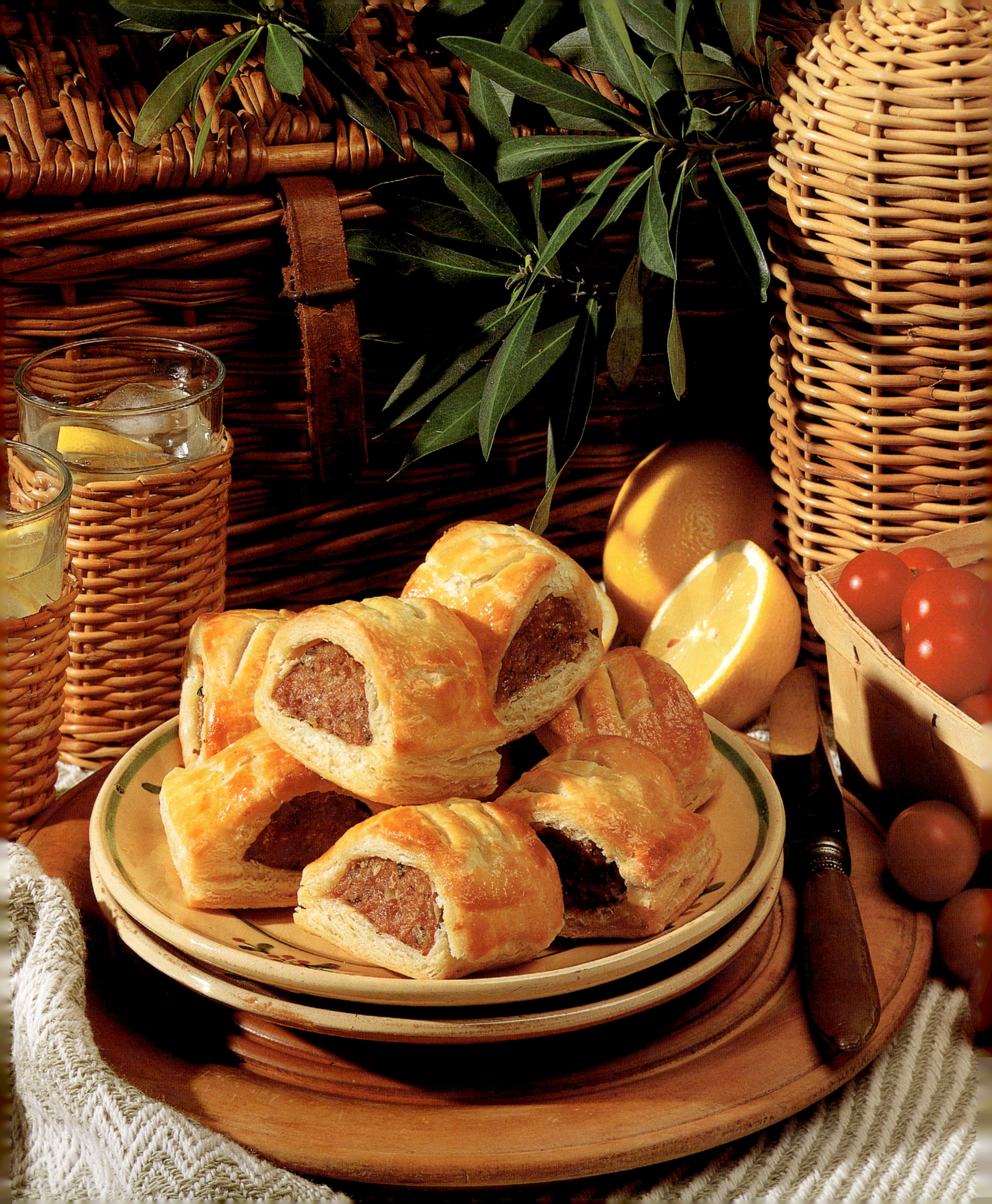

Rollos de salchichas

Rollos crujientes y dorados con un relleno especiado de salchichas picadas. Acompañados de una ensalada son el plato ideal para un almuerzo ligero o un pic-nic. También resultan muy prácticos como comida para llevar. Si los prepara pequeños serán un refinado aperitivo para ocasiones especiales.

Tiempo de preparación 15 minutos + 15 minutos para enfriar
Tiempo de cocción 25 minutos
Para 8 unidades

10 g de mantequilla
2 chalotes picados finos
250 g de salchichas picadas
1 pizca de especias variadas
1 cucharada de perejil fresco picado fino
530 g de pasta de hojaldre (vea página 60)
1 huevo batido
con una pizca de sal

1 Derrita la mantequilla en una sartén y añada los chalotes. Tape y cuézalos a fuego medio durante 5 minutos o hasta que estén blandos. Retírelos de la sartén y déjelos enfriar durante 5 minutos. A continuación, coloque en un bol las salchichas picadas, los chalotes, la mezcla de especias y el perejil. Salpiméntelo y mézclelo bien. Trabaje la mezcla de salchichas con las palmas de las manos bien enharinadas sobre una superficie, también enharinada, hasta formar un cordón largo de 2,5 cm de espesor. Colóquelo en una bandeja ligeramente enharinada y déjelo enfriar mientras prepara la pasta.

2 Seguidamente, estire la pasta sobre una superficie ligeramente enharinada hasta formar un rectángulo de 3 mm de espesor y 10 cm de ancho, como mínimo. Corte los extremos para igualarlos. A continuación, coloque el cordón de salchichas picadas en el centro de la base inferior del rectángulo. Retire el exceso de pasta de los dos extremos. Pinte con el huevo batido los lados cortos de la masa que queda libre y doble el lado más largo sobre el relleno de salchichas, cubriéndolo. Presione ambos extremos de la pasta asegurándose de que el rollo queda bien cerrado. Corte las puntas para igualarlas. Con la ayuda de un cuchillo afilado, ligeramente enharinado, corte ocho rollitos de salchicha y marque, en la superficie de cada uno de ellos, tres hendiduras en diagonal, con dos finalidades: decorar y permitir que aflore el exceso de vapor acumulado. A continuación, colóquelos en una bandeja de horno, previamente humedecida con un poco de agua fría y píntelos con el huevo, a excepción de los lados por donde se han cortado, ya que se pegarían durante el horneado y no dejarían que la pasta creciera. Refrigérelos durante 15 minutos.

3 Precaliente el horno a 220°C. Pinte la pasta de nuevo con el huevo y hornee en la parte superior del horno durante 25 minutos o hasta que los rollos hayan aumentado de tamaño y estén crujientes y dorados. Puede servirlos fríos o calientes.

Nota del chef Para los aperitivos, cocine minirrollitos o bien prepare variedades interesantes añadiendo a las salchichas picadas hierbas o tomates secos, cortados en trocitos muy pequeños.

También puede cocinar otra variedad del mismo plato. Para ello, ponga a hervir huevos de codorniz a fuego fuerte y pélelos. Aplane el picadillo de salchichas y coloque, en el centro, los huevos en fila. Enrolle sobre ellos la pasta con el picadillo; las bases de los rollos adquirirán un intenso color tostado.

Quiche lorraine

El origen de esta tarta se sitúa en la Lorena francesa y se remonta al siglo XVI, aproximadamente. El nombre "quiche" proviene del vocablo alemán "Küchen", que significa pastel. Las quiches pueden prepararse con una gran variedad de rellenos, pero la auténtica quiche lorraine está compuesta de nata, huevos y bacon ahumado.

Tiempo de preparación **30 minutos**
Tiempo de cocción **1 hora 5 minutos**
Para 4–6 porciones

250 g aprox. de pasta quebrada (vea página 58)
1 huevo batido

RELLENO
aceite para freír
180 g de bacon ahumado cortado en tiras y sin la corteza
3 huevos
nuez moscada al gusto
250 ml de nata
80 g de queso gruyère rallado

1 Engrase ligeramente un molde acanalado de fondo desmontable de 22 x 3,5 cm. Estire la pasta sobre una superficie ligeramente enharinada hasta obtener 3 mm de espesor y forre el molde, ya preparado (vea las Técnicas del chef de la página 59). A continuación, precaliente el horno a 180°C. Cueza la pasta en seco durante 25 minutos o hasta que esté firme. Retire las alubias y el papel y pinte la base de la pasta con el huevo batido. Hornéela aproximadamente durante 7 minutos más, según las Técnicas del chef de la página 59.

2 Para preparar el relleno, caliente un poco de aceite en una sartén. Saltee el bacon, escúrralo bien en papel de cocina y, seguidamente resérvelo a un lado. A continuación, bata los huevos con la nuez moscada y sazónelos con sal y pimienta al gusto. Incorpore la nata a la mezcla y pásela por un colador.

3 Esparza las tiras de bacon y el queso rallado por encima de la pasta y vierta con cuidado la mezcla de huevo hasta llenar los dos tercios del molde de pasta. Hornéela de 20 a 30 minutos o hasta que el relleno se dore y la quiche esté lista. Sírvala bien caliente.

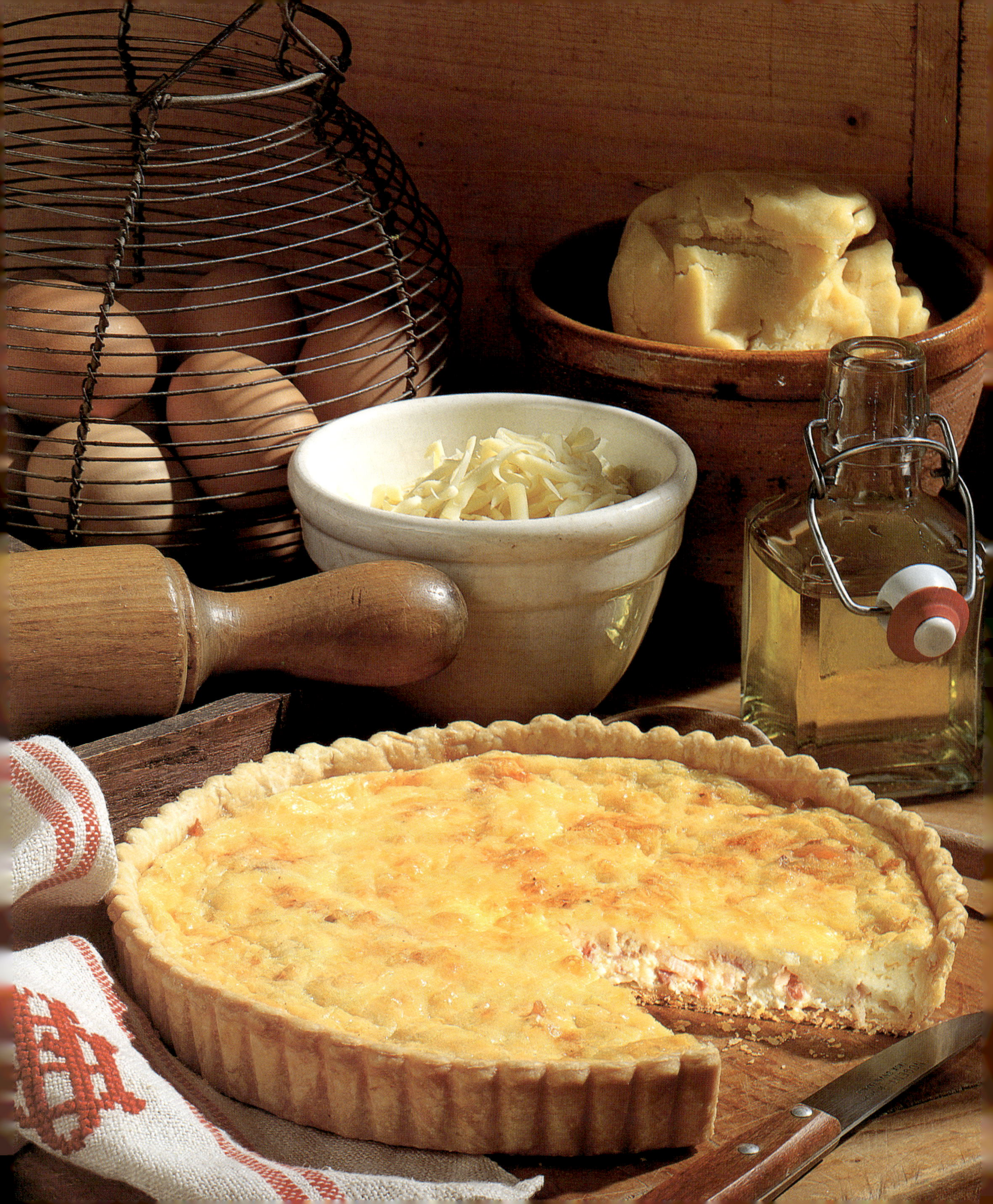

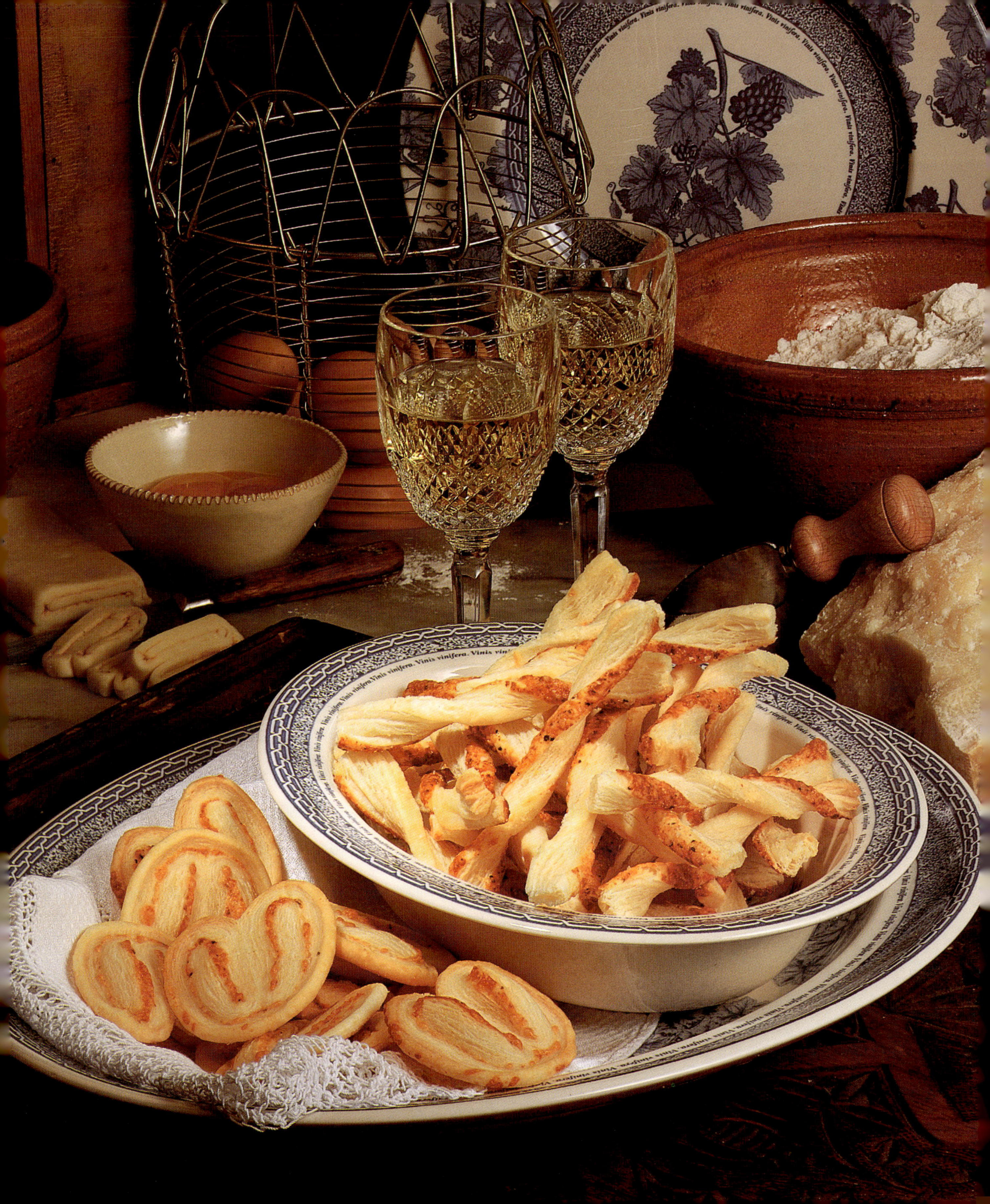
Vinis vinifera.

Tirabuzones y palmeras de queso

Pequeñas delicias que resultan perfectas como aperitivo o para acompañar una sopa. Pueden prepararse en forma de palmeras o de tirabuzones y condimentarse con hierbas aromáticas, tomates secos o anchoas.

Tiempo de preparación 30 minutos + 45 minutos para enfriar
Tiempo de cocción 10 minutos
Para 30 palmeras o 45 tirabuzones de queso

2 yemas de huevo
1 huevo
1/4 cucharadita de azúcar extrafino
40 g de queso parmesano rallado
1/4 cucharadita de pimentón dulce
530 g de pasta de hojaldre

1 Bata las yemas de huevo, el huevo, el azúcar y 1/4 cucharadita de sal, y cuélelo en un bol.

2 Engrase una bandeja de horno con mantequilla derretida y refrigérela hasta el momento de usarla. En un bol, mezcle el queso parmesano, el pimentón dulce y 1/4 cucharadita de sal. Sazone la mezcla con pimienta negra recién molida.

3 Estire la pasta sobre una superficie ligeramente enharinada para formar un rectángulo de 20 x 24 cm de superficie y de 3 cm de grosor. Píntelo ligeramente con la mezcla de huevo y esparza de modo uniforme el parmesano. Estire de nuevo la mezcla hasta conseguir 2 mm de grosor para que el queso penetre en la pasta. Con cuidado, colóquela en una bandeja y refrigérela durante 15 minutos. A continuación, extiéndala sobre una superficie ligeramente enharinada y córtela para formar un rectángulo de 30 x 15 cm.

4 Para preparar las palmeras de queso, marque, con el dorso de un cuchillo, seis tiras de 5 cm cada una, paralelas al lado corto del rectángulo. No las corte, sólo márquelas para que sirvan de referencia. A continuación, rocíe la pasta con un poco de agua.

5 Doble hacia dentro las dos tiras exteriores, de modo que la pasta quede plana; las partes que no llevan queso deberán quedar encima. Rocíelas con un poco de agua y continúe doblando la pasta hacia dentro por las siguientes marcas, humedézcalas ligeramente y doble las dos últimas partes, de modo que queden superpuestas. Pase la pasta a una bandeja y refrigérela durante 15 minutos. Seguidamente, córtela en rodajas de 5 mm cada una y colóquelas planas, bien separadas, en la bandeja de horno, ya preparada. Presiónelas ligeramente con la palma de la mano para que se allanen un poco, déles la vuelta y refrigérelas durante 15 minutos.

6 Mientras, precaliente el horno a 200°C y hornee las palmeras durante unos 10 minutos o hasta que estén doradas y crujientes. Póngalas en seguida sobre una rejilla metálica para que se enfríen.

7 Para preparar los tirabuzones de queso, siga las instrucciones de los puntos 1 a 3. A continuación, con un cuchillo afilado, corte la pasta longitudinalmente en tiras de 1 cm de ancho y retuérzalas varias veces para conseguir tirabuzones flojos, pero uniformes. Colóquelos en una bandeja de horno y presione con firmeza los dos extremos de cada uno de ellos para evitar que se abran durante la cocción. Refrigérelos de 10 a 15 minutos. Mientras, precaliente el horno a 200°C. Hornéelos de 7 a 10 minutos o hasta que estén dorados y crujientes. En seguida, corte cada tirabuzón en tiras de 10 cm y páselos a una rejilla metálica para que se enfríen.

Nota del chef Si lo desea, para variar y para darles un toque de color, puede mezclar el queso con hierbas aromáticas, tomates secos picados o anchoas.

Tarta de brie y espinacas

El cremoso brie se combina perfectamente con la cebolla, las espinacas y el tomate, ingredientes que constituyen el relleno de esta tarta de hojaldre, muy apetitosa si se sirve caliente y acompañada de una ensalada verde o de tomate.

Tiempo de preparación 25 minutos
Tiempo de cocción 1 hora
Para 6 porciones

250 g aprox. de pasta de hojaldre (vea página 60)
1 huevo batido

RELLENO
30 g de mantequilla
1 cebolla picada
3 cebollinos grandes cortados en tiras de 2 cm
190 g de espinacas congeladas
1 huevo
180 ml de nata espesa
250 g de queso brie cortado en lonchas muy finas
2 tomates, cortados en rodajas finas y secados con papel de cocina
2 cucharadas de parmesano rallado

1   Engrase un molde para tarta de 18,5 x 2,5 cm, de fondo desmontable. Precaliente el horno a 200°C. Estire la pasta sobre una superficie ligeramente enharinada hasta obtener 1 mm de espesor o hasta que quede lo más delgada posible (transparente, a poder ser) y forre, a continuación, el molde ya preparado. Para ello, consulte las Técnicas del chef de la página 59.

2   Cueza la pasta en seco durante 15 ó 20 minutos o hasta que esté dorada. Retire las alubias y el papel parafinado, vuélvala a hornear durante 5 minutos y pinte el molde con el huevo batido (vea las Técnicas del chef de la página 59). Reduzca la temperatura del horno a 180°C.

3   Para preparar el relleno, derrita la mantequilla en una sartén, incorpore la cebolla y fríala durante unos 3 minutos o hasta que esté tierna. Seguidamente, añada los cebollinos, déjelos cocer durante 1 minuto y agregue las espinacas. Sazónelo con abundante sal y pimienta y remuévalo hasta que esté bien mezclado. Cuézalo a fuego fuerte durante 7 minutos o hasta que el líquido se haya evaporado.

4   En un bol, bata el huevo y la nata y salpimiente. A continuación, reparta la mezcla de espinacas sobre la base de hojaldre, cúbrala con una capa de brie y coloque por encima las rodajas de tomate, de modo uniforme. Vierta la mezcla de huevos y de nata sobre el tomate y espolvoree sobre ella el parmesano rallado. Hornee la tarta durante unos 25 minutos o hasta que esté bien hecha y la superficie dorada. Pásela a una rejilla metálica para que se enfríe un poco antes de extraerla del molde. Sírvala caliente.

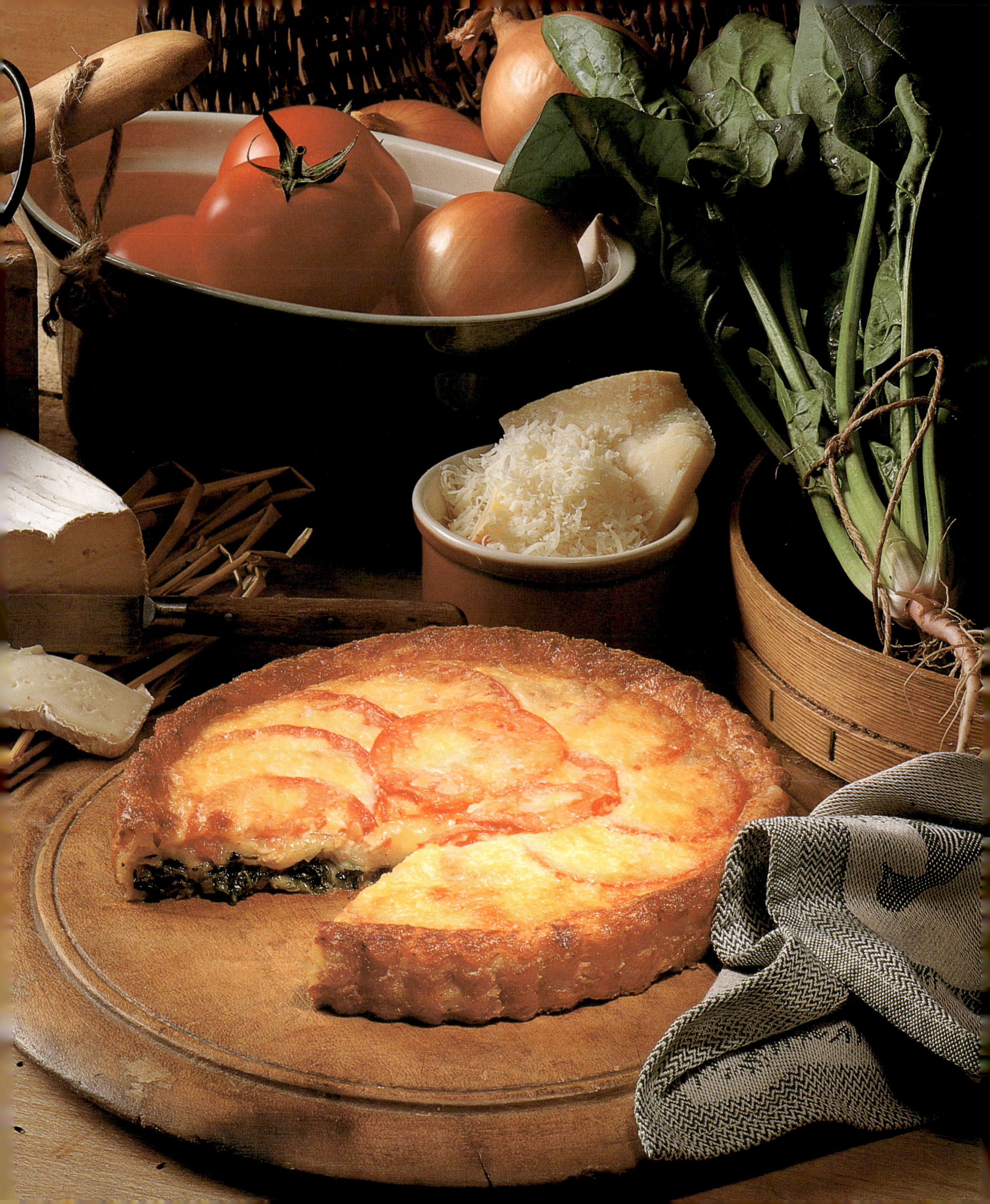

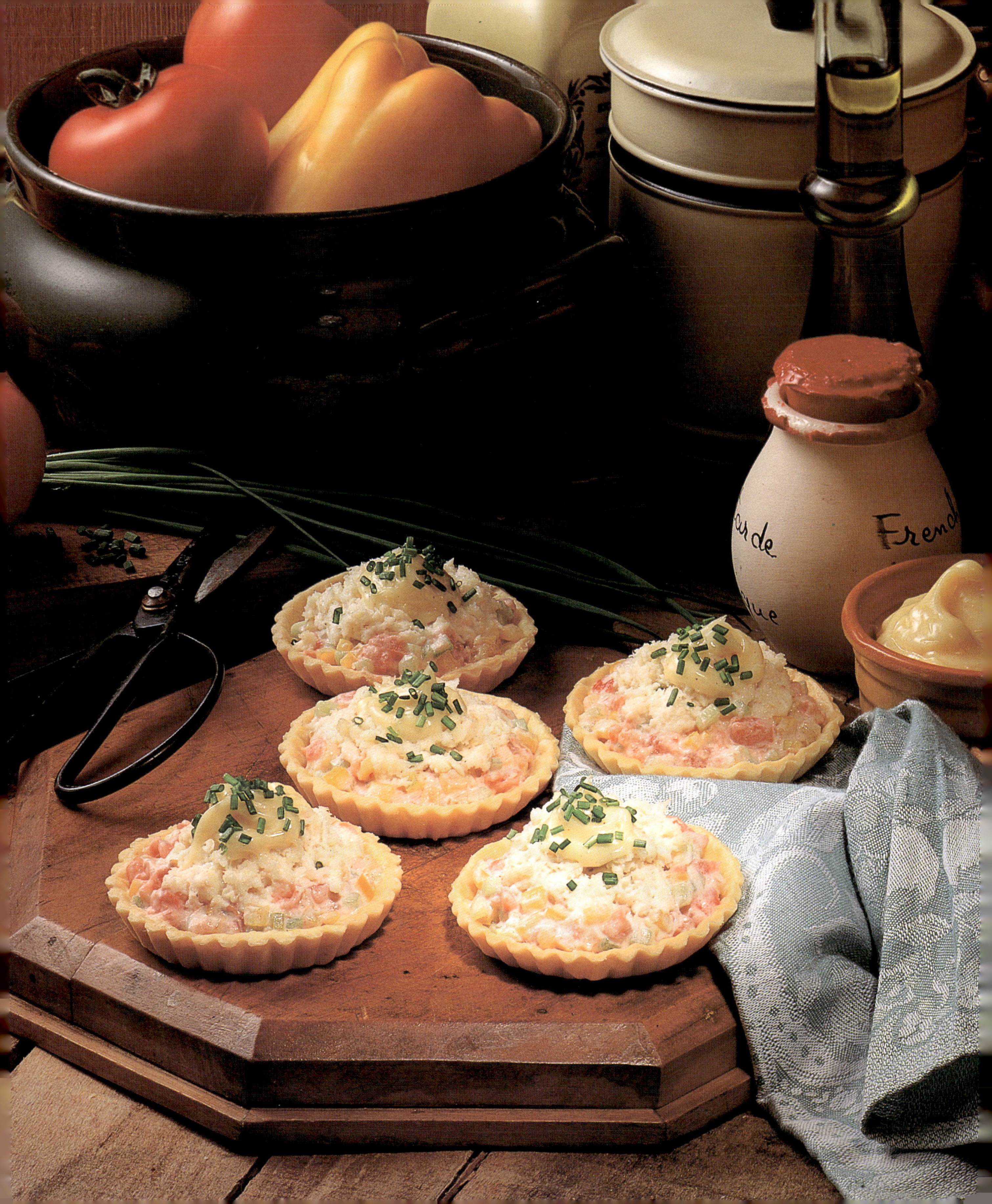

Tartaletas de cangrejo fresco

Estas tartaletas pueden prepararse en cualquier tamaño dependiendo del uso que quiera darles, ya que pueden consumirse como aperitivo o bien como primer plato, en el almuerzo o en la cena.
Es muy importante que los moldes de pasta no se rellenen con mucha antelación o la pasta se reblandecerá.

Tiempo de preparación 2 horas + 15 minutos para enfriar
Tiempo de cocción 15 minutos
Para 8 porciones

RELLENO
1 pepino
1/2 cucharadita de sal
1 pimiento amarillo
2 tomates pelados y sin semillas
    (vea página 63)

250 g aprox. de pasta quebrada (vea página 58)
250 g de carne de cangrejo fresco
2 cucharadas de cebollinos frescos picados

MAYONESA
1 yema de huevo
2 cucharaditas de mostaza de Dijon
125 ml de aceite

1 Para preparar el relleno, retire las puntas del pepino, pélelo y divídalo longitudinalmente en dos mitades. Con la ayuda de una cucharita, extraiga las semillas, corte los pepinos en dados muy pequeños de unos 3 mm y sazónelos con sal. Seguidamente, corte el pimiento por la mitad, retire las semillas, y córtelo en dados del mismo tamaño que el pepino. Repita la operación con los tomates y séquelos con papel de cocina.

2 Precaliente el horno a 170°C y engrase ocho moldes para tartaletas de 7 x 1,5 cm. Estire la pasta sobre una superficie ligeramente enharinada hasta conseguir 2 mm de espesor. Refrigérela durante 5 minutos. Seguidamente, realice ocho círculos con la ayuda de un cortapastas redondo de 10 cm de diámetro y colóquelos en los moldes presionando bien sobre el fondo, de manera que la pasta sobrepase un poco el borde de las tartaletas. Refrigérelos durante 10 minutos.

3 Corte la pasta sobrante de los moldes, pinche la base con un tenedor y cuézala en seco durante 8 ó 10 minutos o hasta que adquiera un ligero tono dorado. Retire las alubias y el papel parafinado y hornéela durante 2 ó 3 minutos más o hasta que esté bien dorada (vea las Técnicas del chef de la página 59). Deje reposar las tartaletas durante 5 minutos antes de extraerlas de los moldes sobre una rejilla metálica para que se enfríen.

4 Mientras, prepare la mayonesa. Para ello, bata en un bol grande la yema de huevo y la mostaza hasta que quede una crema suave. De modo gradual, vaya incorporando el aceite en forma de chorro constante y sazone la mezcla con sal y pimienta blanca molida, al gusto. Mezcle 3 ó 4 cucharadas de mayonesa con la carne de cangrejo hasta conseguir una textura compacta, y resérvela.

5 Escurra los pepinos y séquelos con papel de cocina, dándoles unos cuantos golpecitos. Seguidamente, coloque en un bol las verduras, ya troceadas, añada 2 ó 3 cucharadas de mayonesa y remueva bien hasta que adquiera consistencia. Reparta el relleno en las tartaletas y añada el cangrejo. Por último, con la ayuda de una cuchara, distribuya un poco de mayonesa por encima de las tartaletas y espolvoree los cebollinos picados.

Nota del chef Puede preparar la receta con antelación, pero recuerde que no debe colocar el relleno en las tartaletas hasta el momento de servir. Si desea variar ligeramente el sabor, agregue un poco de curry en polvo a la mezcla de verduras.

Si emplea carne de cangrejo congelada o en lata, retire el exceso de agua colocándola sobre un paño de algodón y escurriendo el líquido.

Quiche de mozzarella, albahaca y tomate

Esta quiche, rellena con ingredientes del más puro estilo italiano, resulta igual de exquisita servida fría o caliente y es la solución ideal para un pic-nic. También le resultará muy práctica cuando se vea obligado a comer fuera del hogar.

Tiempo de preparación **30 minutos**
Tiempo de cocción **1 hora 10 minutos**
Para 6 porciones

250 g aprox. de pasta quebrada (vea página 58)

RELLENO
2 huevos
50 ml de leche
50 ml de nata espesa
**1 pizca de nuez moscada
 (opcional)**
1 pizca de pimienta de Cayena (opcional)
2 tomates pequeños, cortados por la mitad, sin semillas y cortados en trocitos de 1 cm
150 g de queso mozzarella rallado
**1 cucharada de albahaca fresca picada fina
 (vea Nota del chef)**

1 Precaliente el horno a 200°C. Engrase un molde para tartas de fondo desmontable de 20,5 x 2,5 cm. Estire la pasta sobre una superficie ligeramente enharinada hasta conseguir 3 mm de grosor y forre el molde, ya preparado, siguiendo las Técnicas del chef de la página 59.

2 Cueza la pasta en seco durante 10 ó 15 minutos o hasta que esté firme. Retire las alubias y el papel parafinado y hornéela durante 10 minutos más o hasta que esté seca y dorada (vea las Técnicas del chef de la página 59). Retírela del horno y déjela enfriar. Reduzca la temperatura a 170°C.

3 Para preparar el relleno, bata en un bol los huevos junto con la leche y la nata. Sazónelo con sal y pimienta y, si lo prefiere, añada la nuez moscada y la pimienta de Cayena al gusto. Seguidamente, reparta el tomate, el queso y la albahaca sobre la base de la tarta y añada la mezcla de huevo. Hornéelo de 35 a 40 minutos. Compruebe de vez en cuando que no se formen burbujas en el relleno. Éstas aparecen cuando la temperatura del horno es demasiado elevada. En este caso, deberá reducirla. La quiche estará cocida cuando el relleno presente una textura consistente y dorada. Entonces, pásela a una rejilla metálica para que se enfríe un poco antes de extraerla del molde. Sírvala fría o caliente y acompañada de ensalada verde.

Nota del chef Para evitar que pierda su frescor, la albahaca debe picarse justo antes de incorporarla al plato.

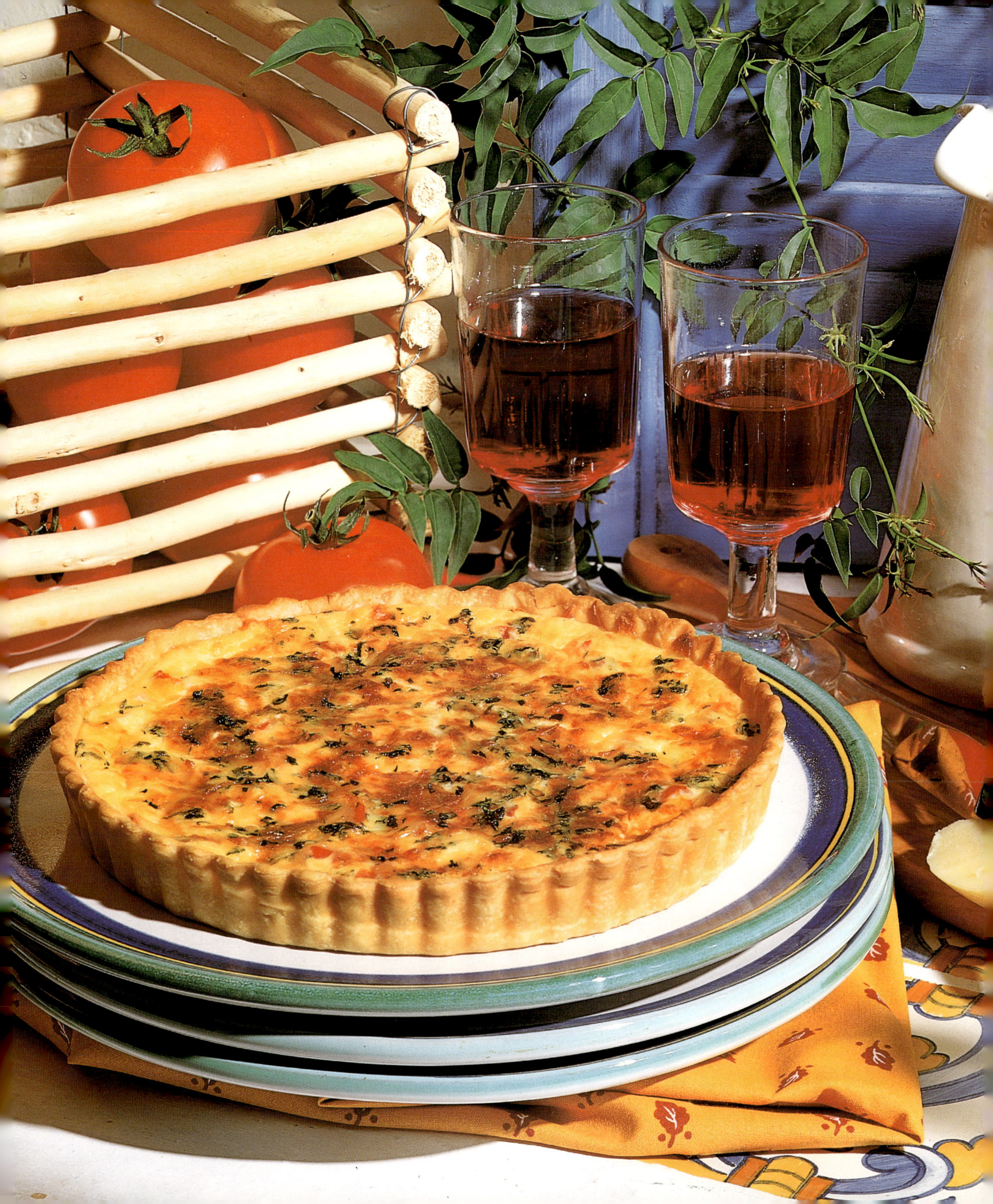

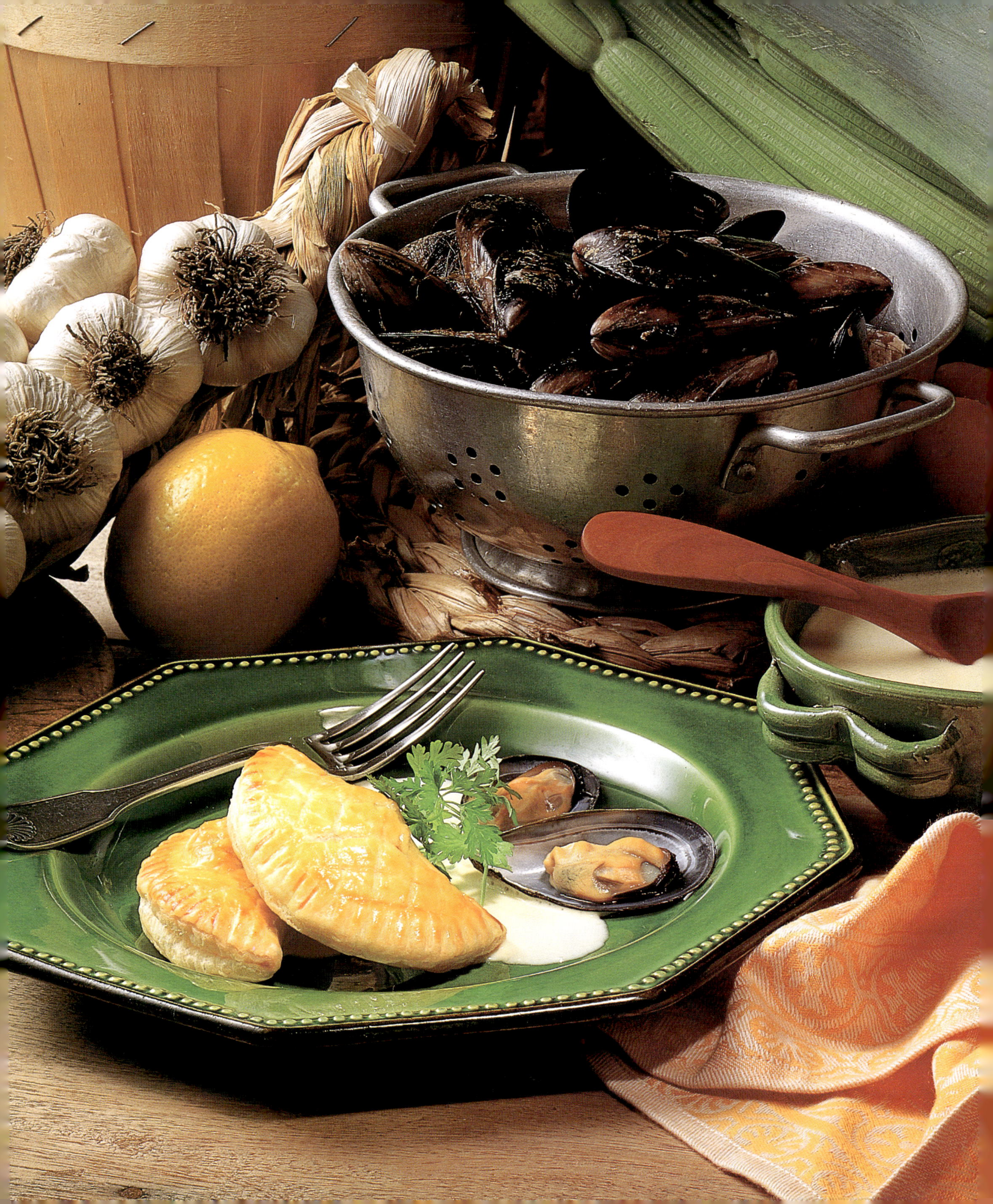

Chaussons de mejillones con crema de ajo

El vocablo francés "chausson" significa literalmente pantufla. El chausson es una empanadilla hecha con una fina lámina de pasta de hojaldre cuyo relleno está compuesto de muy diversos ingredientes. Resulta deliciosa si se sirve caliente.

Tiempo de preparación **1 hora 10 minutos**
  + 25 minutos para enfriar
Tiempo de cocción **50 minutos**
Para 4 porciones

250 g aprox. de pasta de hojaldre (vea página 60)
1 huevo batido con una pizca de sal
2 ramitas de perifollo fresco para decorar

RELLENO
30 g de mantequilla
1 zanahoria cortada en juliana
  (vea Nota del chef)
100 g de puerro, sólo la parte blanca,
  cortado en juliana (vea página 63)
1 ramita de apio cortado en juliana
unas gotas de zumo de limón
100 ml de vino blanco seco
2 chalotes picados finos
1 kg de mejillones con el caparazón raspado y limpio

CREMA DE AJO
10 dientes de ajo
300 ml de nata espesa

1 Estire la pasta sobre una superficie ligeramente enharinada hasta conseguir 3 mm de espesor. Con un cortapastas plano y redondo de 12 cm de diámetro, corte ocho círculos de pasta, colóquelos en una bandeja y refrigérelos durante 10 minutos. Engrase una bandeja de horno con la mantequilla fundida y guárdela en el frigorífico hasta que la vaya a usar.

2 Para preparar el relleno, funda la mantequilla en un cazo pequeño y agregue la zanahoria, los puerros y el apio. Sazone con un poco con sal y pimienta. Tape y deje cocer a fuego lento de 6 a 10 minutos o hasta que los ingredientes estén tiernos y translúcidos. Añada el zumo de limón al gusto y deje enfriar.

3 En un cazo, vierta el vino, los chalotes y los mejillones comprobando que estén cerrados. Deseche los que estén abiertos. Tape el cazo, lleve a ebullición y deje hervir a fuego lento 5 minutos o hasta que se hayan abierto los mejillones. Escúrralos y reserve el líquido. Conserve ocho mejillones en sus conchas y retire las del resto. Déjelos enfriar.

4 Mientras, coloque la pasta sobre una superficie ligeramente enharinada. Pinte con el huevo batido 1 cm del contorno de cada círculo y llene la mitad de su superficie con la mezcla de verduras y los mejillones, excepto la parte pintada con el huevo. Doble la otra parte de pasta por encima del relleno formando media circunferencia y presione las puntas con el dorso de un tenedor para sellarlas. Con un cuchillo, realice dos pequeñas incisiones en el centro de la pasta para que salga el vapor durante la cocción. Adorne la superficie con pequeñas marcas como una cruz o un tirabuzón, sin atravesar la pasta con el cuchillo. Rocíe la bandeja de horno, ya preparada, con unas gotas de agua y coloque los chaussons. Pinte la superficie (no los bordes) de cada uno con el huevo batido, y refrigere unos 15 minutos. Mientras, caliente el horno a 220°C y pinte los chaussons de nuevo con el huevo. Hornee de 10 a 15 minutos.

5 Para preparar la crema de ajo, coloque el ajo en un cazo pequeño, cúbralo con agua fría y lleve a ebullición. Escúrralo y repita la operación. Coloque el ajo de nuevo en el cazo, añada la nata y 100 ml del líquido de los mejillones. Tape y deje cocer unos 15 minutos o hasta que el ajo esté tierno. Pase por la batidora hasta obtener una crema suave. Salpimiente.

6 Para la presentación, vierta unas cucharadas de crema de ajo en cuatro platos calientes y coloque encima los chaussons calientes. Decore con los mejillones enteros y el perifollo.

Nota del chef Las tiras en juliana son tiritas muy finas de verdura, del tamaño de una cerilla.

Tarta de queso

Si al relleno de esta sabrosa tarta le añade un poco de mostaza de Dijon, conseguirá que el sabor del queso varíe ligeramente y le dará un toque muy especial. Además, puede añadir una pequeña cantidad de pimienta de Cayena.

Tiempo de preparación 20 minutos
Tiempo de cocción 50 minutos
Para 6 porciones

250 g aprox. de pasta quebrada (vea página 58)

RELLENO
150 g de queso gruyère rallado
3 huevos
200 ml de nata espesa
1 pizca de nuez moscada
1/4 cucharadita de mostaza de Dijon

1 Precaliente el horno a 180°C. Engrase un molde para tartas de fondo desmontable, de 20,5 x 2,5 cm de diámetro. Estire la pasta sobre una superficie ligeramente enharinada hasta obtener un círculo de 3 mm de espesor y forre el molde, ya preparado siguiendo las Técnicas del chef de la página 59.

2 Cueza la pasta en seco durante 10 minutos o hasta que esté firme. Retire las alubias y el papel parafinado y hornéela durante 5 ó 10 minutos más o hasta que el centro empiece a cobrar color (vea las Técnicas del chef de la página 59). Retírela del horno y déjela enfriar.

3 Reparta el queso sobre la base de la pasta. Bata los huevos, la nata y la nuez moscada, sazónelos con sal y pimienta y vierta la mezcla por encima del queso. A continuación, hornéela de 20 a 30 minutos o hasta que esté cocida y dorada. Pásela a una rejilla de aluminio para que se enfríe un poco antes de extraerla del molde.

4 Puede servir la tarta caliente o fría con una ensalada de lechuga y tomate. Resultará muy apetitosa para un almuerzo veraniego.

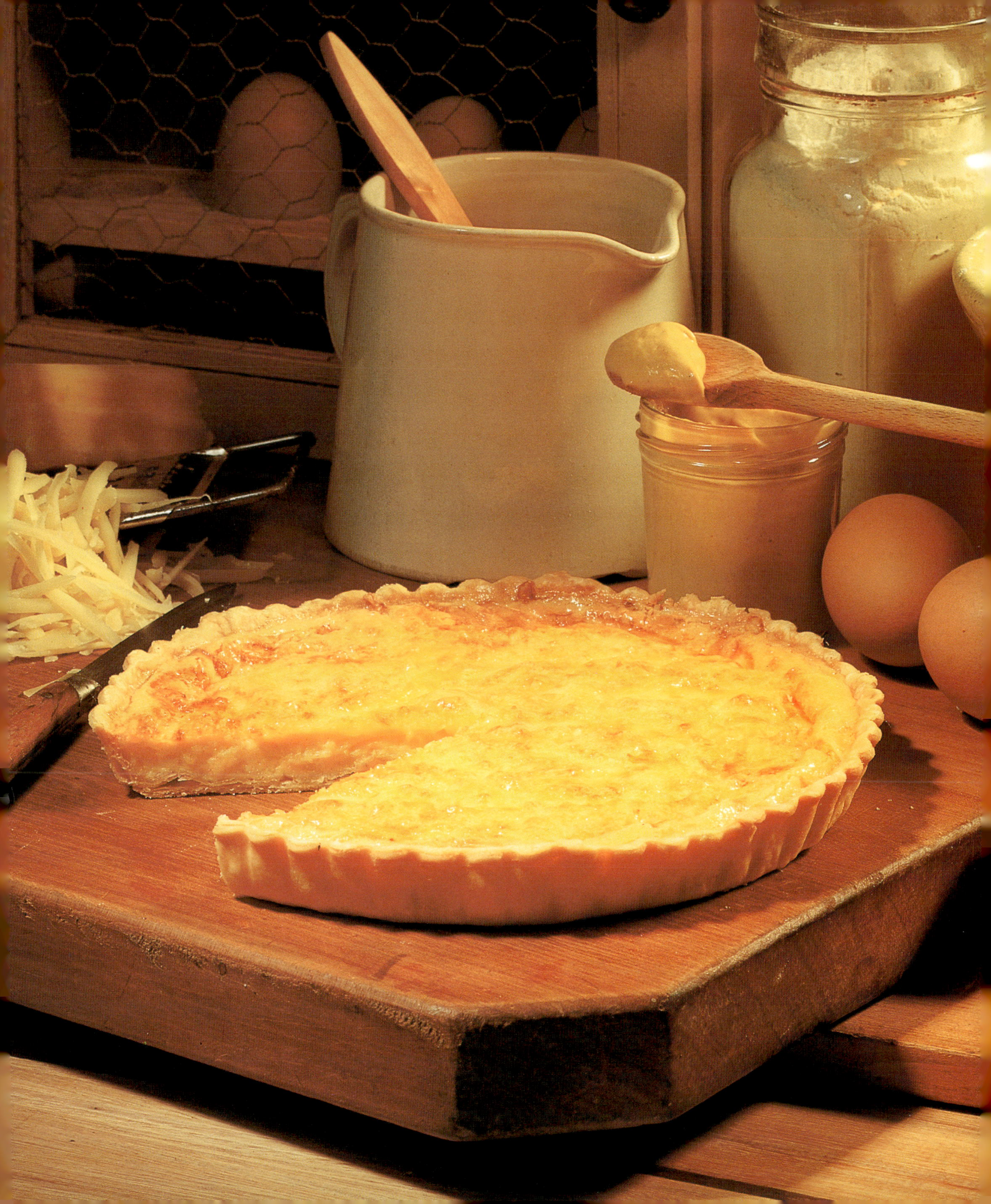

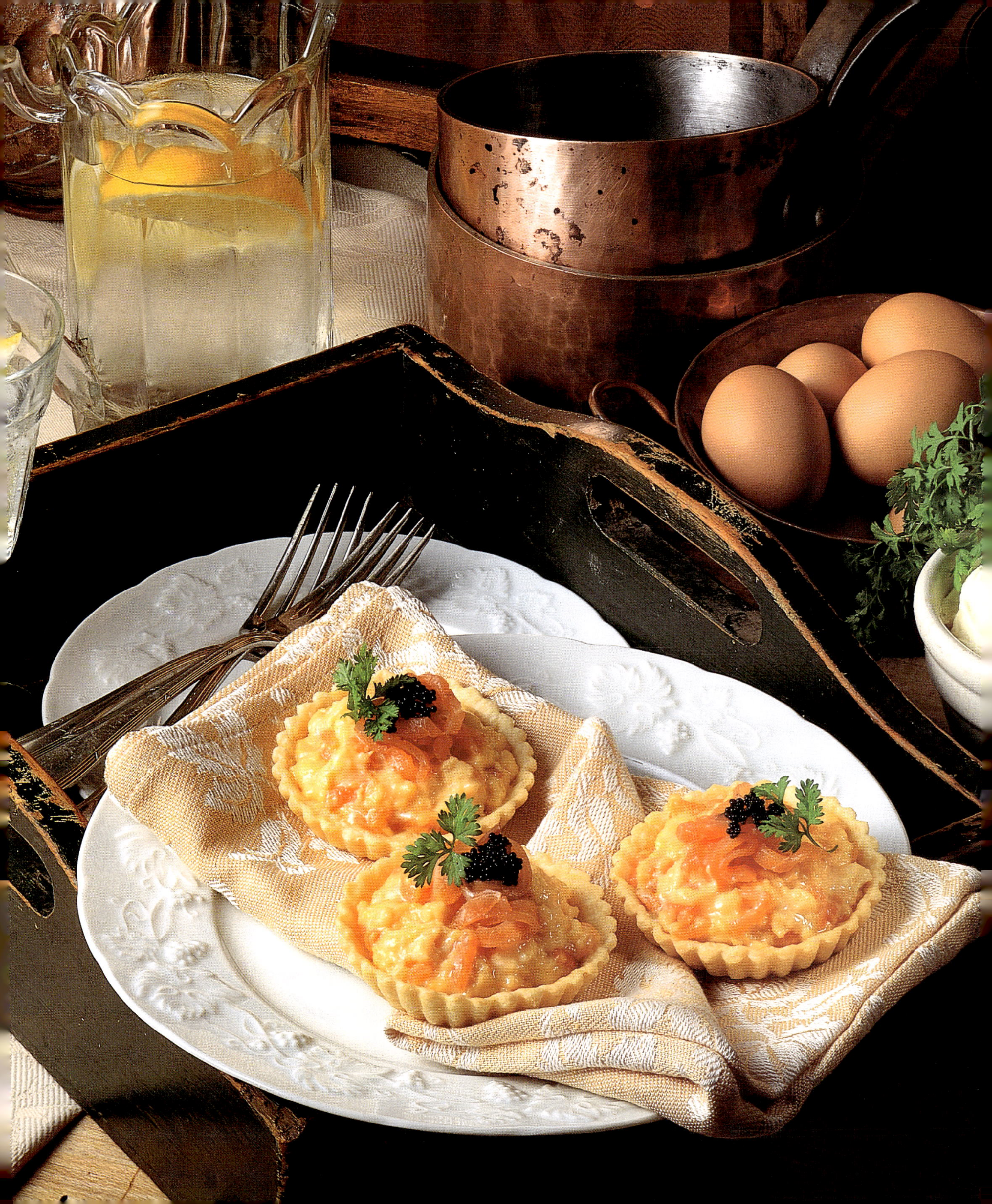

Tartaletas de salmón ahumado con huevos revueltos

Substituya las típicas tostadas con huevos revueltos por estas refinadas tartaletas y hará que su almuerzo adquiera un toque sofisticado. Para que el relleno esté cremoso es sumamente importante que no cueza los huevos en exceso.

Tiempo de preparación 20 minutos
Tiempo de cocción 20 minutos
Para 6 porciones

250 g aprox. de pasta quebrada (vea página 58)
6 ramitas de perifollo fresco para decorar

RELLENO
20 g de mantequilla
6 huevos
90 ml de nata espesa
100 g de salmón ahumado cortado en tiras
2 cucharaditas de caviar para decorar

1 Precaliente el horno a 200°C. Engrase seis moldes para tartaletas de 7 x 1,5 cm de diámetro. Estire la pasta sobre una superficie ligeramente enharinada para formar un círculo de unos 2 mm de grosor. Con la ayuda de un cortapastas redondo y plano, forme seis círculos de 13 cm de diámetro y forre con ellos los moldes, ya preparados (veas las Técnicas del chef de la página 59).

2 Cueza la pasta en seco durante 7 minutos o hasta que esté firme. Retire las alubias y el papel encerado y hornéela de 3 a 5 minutos más o hasta que el centro esté dorado (vea las Técnicas del chef de la página 59). Extraiga las tartaletas del molde y manténgalas calientes.

3 Para preparar el relleno, derrita la mantequilla en un cazo a fuego medio. Bata ligeramente los huevos junto con la nata e incorpore la mezcla en el cazo. Cueza la mezcla a fuego lento removiendo constantemente con una cuchara de madera para que no se pegue al fondo del cazo. La crema ha de cuajar y, no obstante, quedar muy cremosa. Retire el cazo del fuego y añada la mitad del salmón ahumado. Remueva de nuevo hasta que esté bien mezclado.

4 Rellene las tartaletas con la mezcla de huevo. Decore cada una de ellas con el salmón restante y con un poco de caviar y corónelas con una ramita de perifollo. Sírvalas calientes.

Nota del chef Recuerde que debe retirar el cazo del fuego cuando el huevo revuelto esté todavía cremoso. El calor acumulado permitirá que continúe cociéndose hasta el momento de servir. Si el huevo está demasiado cocido, se deshará y soltará agua.

Quiche de berros y queso de cabra

El fuerte sabor del berro junto con el del queso de cabra constituyen un delicioso relleno para esta quiche que también puede prepararse en tartaletas individuales y servirse tanto fría como caliente.

Tiempo de preparación 30 minutos
Tiempo de cocción 1 hora 15 minutos
Para 4–6 porciones

RELLENO
250 g de berros
3 huevos
100 ml de nata espesa
nuez moscada al gusto
150 g de queso de cabra cortado en lonchas de 1,5 cm

250 g aprox. de pasta quebrada (vea página 58)
1 huevo batido

1 Para preparar el relleno, corte los tallos de los berros, lávelos y séquelos con papel de cocina dándoles unos ligeros golpecitos. En un cazo grande, vierta 2 litros de agua con un poco de sal y llévela a ebullición. Agregue los berros y déjelos cocer durante sólo 10 segundos. Escúrralos y refréscalos en un recipiente de agua con hielo durante 3 minutos (vea las Técnicas del chef de la página 63). Escurra bien, corte los berros en trozos grandes y salpiméntelos.

2 Precaliente el horno a 180ºC. Engrase un molde para tartas de fondo desmontable, de 20,5 x 2,5 cm de diámetro. Estire la pasta sobre una superficie enharinada hasta obtener un espesor de 3 mm y forre con ella el molde, ya preparado, según las Técnicas del chef de la página 59. Cuézala en seco durante 25 minutos o hasta que esté firme. Retire las alubias y el papel encerado y pinte la base de la pasta con el huevo ligeramente batido. Hornéela durante 7 minutos más. Para ello, consulte las Técnicas del chef de la página 59.

3 Bata los huevos junto con la nata y sazone la mezcla con nuez moscada, sal y pimienta. Reparta los trozos de berro sobre el fondo y coloque por encima las lonchas de queso de cabra. Seguidamente, añada la mezcla de huevo y hornéela de 30 a 40 minutos o hasta que cuaje y al pinchar el centro con un cuchillo, éste salga limpio. Pásela a una rejilla metálica para que se enfríe un poco antes de extraerla del molde. Déjala reposar durante 5 minutos antes de cortarla.

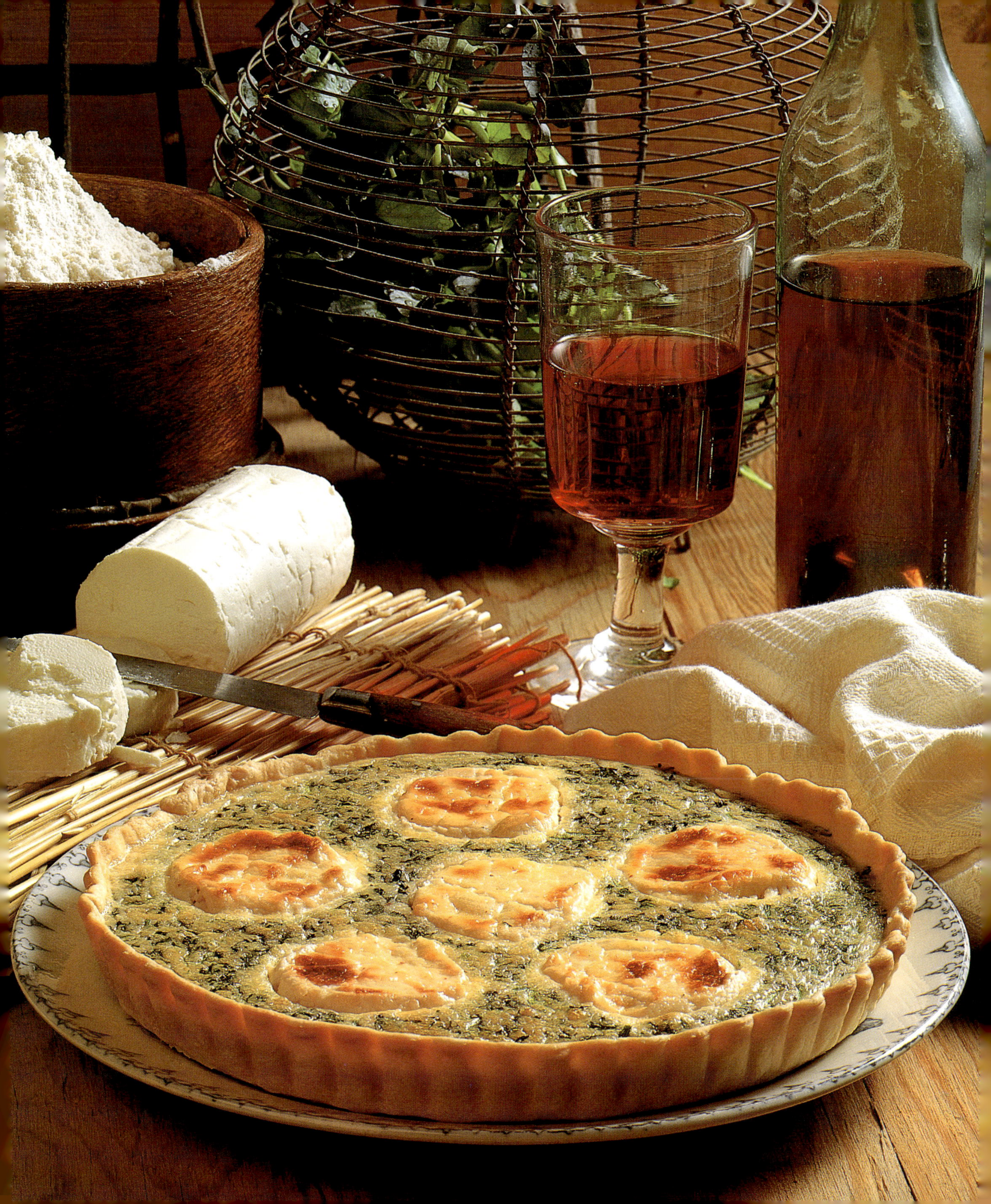

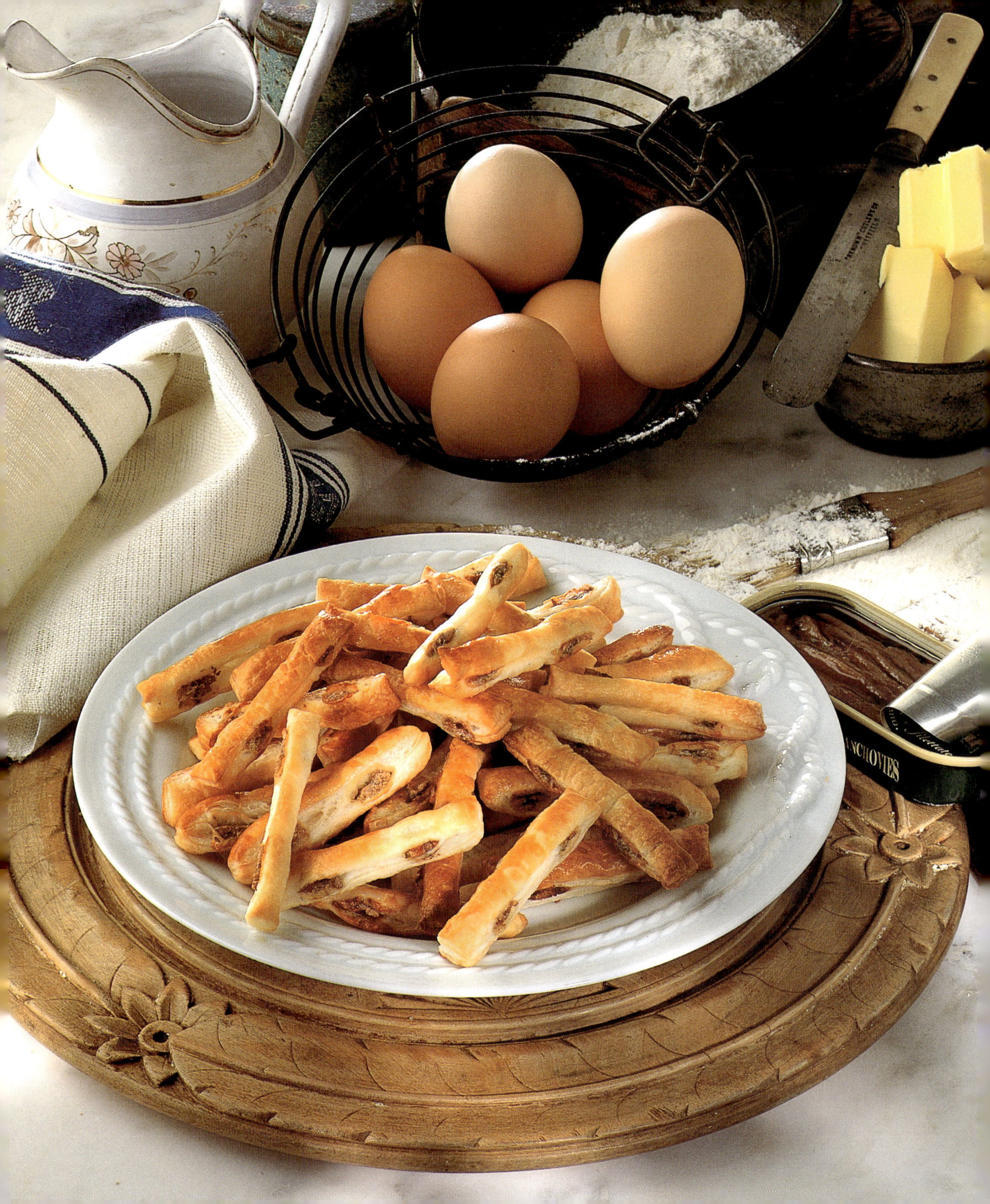
ANCHOVIES

Palitos de anchoa

Estos palitos elaborados con pasta crujiente y anchoas saladas resultan deliciosos acompañados de una copa de buen vino o de cava. Por ello, se han convertido en un clásico de los aperitivos.

Tiempo de preparación 20 min. + 30 min. para enfriar
Tiempo de cocción 10 minutos
Para unas 80 unidades

250 g de pasta de hojaldre en un solo bloque (vea página 60) o 250 g de recortes de pasta de hojaldre
1 huevo batido
20 ó 25 filetes de anchoa

1 Espolvoree una bandeja de horno de 30 x 45 cm con harina. Estire la pasta sobre una superficie ligeramente enharinada hasta formar un rectángulo de un tamaño más o menos equivalente al de la placa. Debe trabajar la pasta hasta que sea lo más delgada posible, tanto que quede casi translúcida. Con cuidado, colóquela en la bandeja de horno, cúbrala con film transparente y refrigérela unos 20 minutos.

2 Precaliente el horno a 200°C. Corte la pasta longitudinalmente, en dos mitades y pásela a una superficie ligeramente enharinada. Pinte una de las tiras con un poco de huevo batido. A continuación, extienda los filetes de anchoa horizontalmente sobre la pasta dejando un espacio de 2,5 cm entre ellos. Coloque la otra tira de pasta encima de la anterior y pase el rodillo suavemente para que queden unidas. Corte la pasta a lo largo en tiras de 1 cm de ancho y vuelva a cortar estas últimas, horizontalmente, formando palitos de unos 7 cm de largo. Refrigérelos durante 10 minutos.

3 Coloque los palitos de anchoa en dos bandejas de horno ligeramente engrasadas y píntelos con el huevo batido. Hornéelos durante 8 ó 10 minutos o hasta que hayan aumentado su volumen y estén bien dorados. Sírvalos calientes o fríos.

Flamiche de puerros y brie

El término "flamiche" proviene de un vocablo flamenco que significa torta y originariamente designaba un producto elaborado con masa de pan que se servía acompañado de mantequilla. En la actualidad, empleamos la misma palabra para referirnos a una tarta rellena de verduras y/o de queso, como es el caso de esta receta.

Tiempo de preparación 1 hora 5 minutos
 + 30 minutos para enfriar
Tiempo de cocción 55 minutos
Para 4–6 porciones

PASTA
250 g de harina
1 cucharadita de sal
60 g de mantequilla
1 huevo
1 yema de huevo

1 huevo batido

RELLENO
60 g de mantequilla cortada
 en dados
400 g de puerros, sólo la parte balnca, cortados finos
 (vea página 63)
150 g de queso brie
1 huevo
1 yema de huevo
50 ml de nata espesa

1 Para preparar la pasta, tamice la harina y la sal en un bol. Con las puntas de los dedos, deshaga la mantequilla en el mismo bol, mezclándola con la harina hasta conseguir una textura parecida a la del pan rallado. Practique un hueco en el centro e incorpore el huevo, la yema de huevo y 2 1/2 cucharadas de agua. Mézclelo todo bien y forme una bola con la masa. Refrigérela durante 20 minutos envuelta en film transparente.

2 Para preparar el relleno, derrita un poco de mantequilla en una sartén y cueza los puerros tapados a fuego lento 5 minutos. Déjelos cocer sin la tapa 5 minutos más o hasta que el líquido se haya evaporado, evitando que se doren. Páselos a un colador y resérvelos para que se enfríen.

3 Mientras, precaliente el horno a 170°C y engrase ligeramente un molde para tartas de fondo desmontable de 20,5 x 2,5 cm de diámetro. Corte la pasta por la mitad, estire una de las partes sobre una superficie ligeramente enharinada hasta conseguir un espesor de 3 mm y forre el molde, ya preparado, según las Técnicas del chef de la página 59. Deje que la pasta sobrepase el borde del molde en 1 cm. Estire la otra mitad sobre una superficie ligeramente enharinada hasta formar un círculo de 22,5 de diámetro y refrigere las dos mitades de masa hasta el momento de utilizarlas.

4 Seguidamente, quite la corteza del queso y córtelo en dados pequeños. Reparta los puerros sobre la base de la pasta y esparza por encima los dados de queso. Mezcle el huevo, la yema de huevo y la nata y vierta la mezcla sobre los puerros y el queso. Pinte el borde de la pasta con el huevo batido y coloque encima la otra mitad. Recorte la capa superior del hojaldre para que tenga el mismo tamaño que la inferior. Pellizque la pasta para que las dos partes queden completamente cerradas y recorte las puntas presionando el borde del molde con el dedo pulgar. Pinte la superficie con el huevo batido y refrigere la tarta durante 10 minutos. Vuélvala a pintar y practique un pequeño orificio en el centro con la ayuda de un cortapastas redondo. Hornee la tarta de 40 a 50 minutos o hasta que esté dorada. Colóquela sobre una rejilla metálica para que se enfríe un poco antes de extraerla del molde. Déjela reposar durante 5 minutos antes de cortar las porciones.

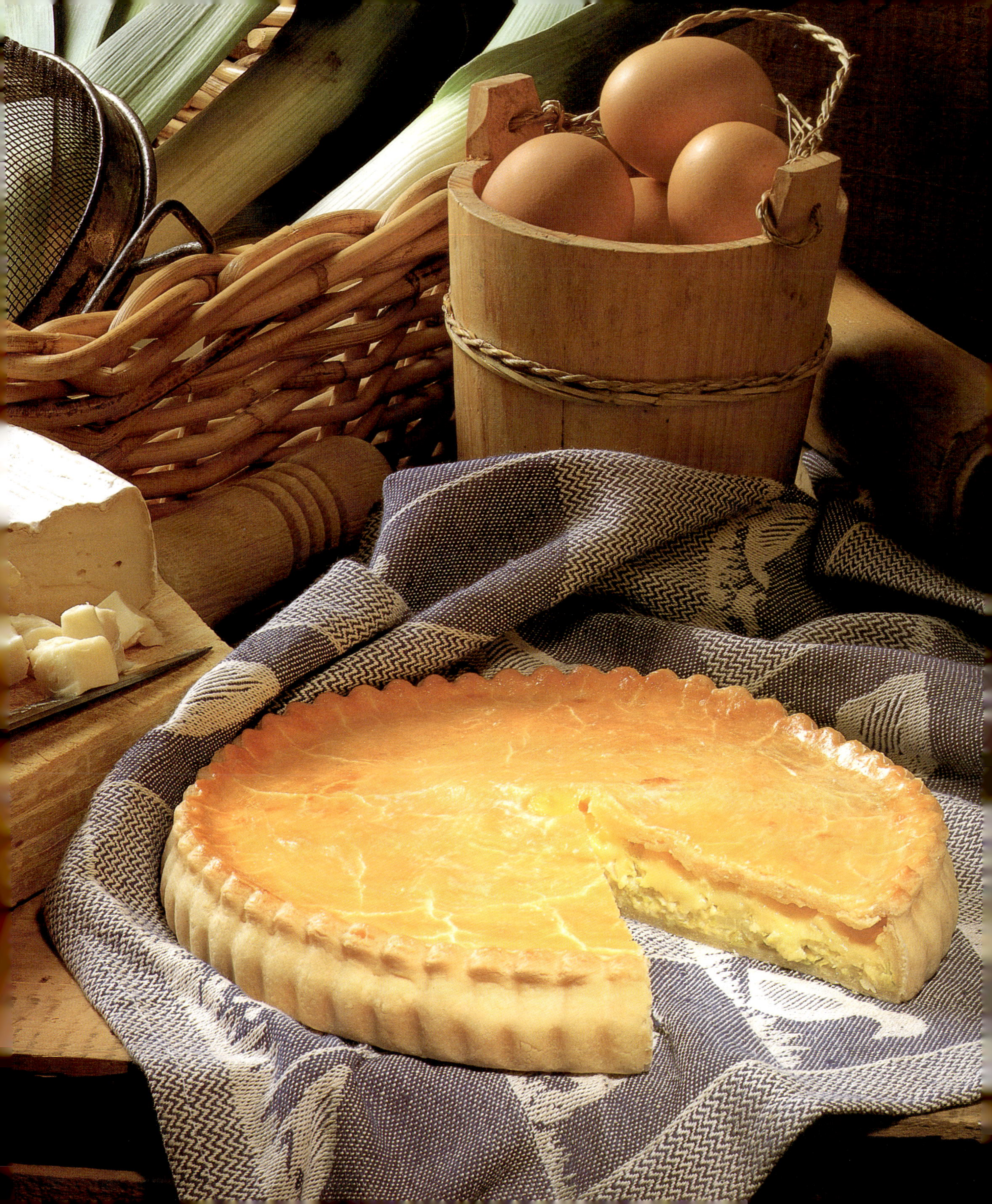

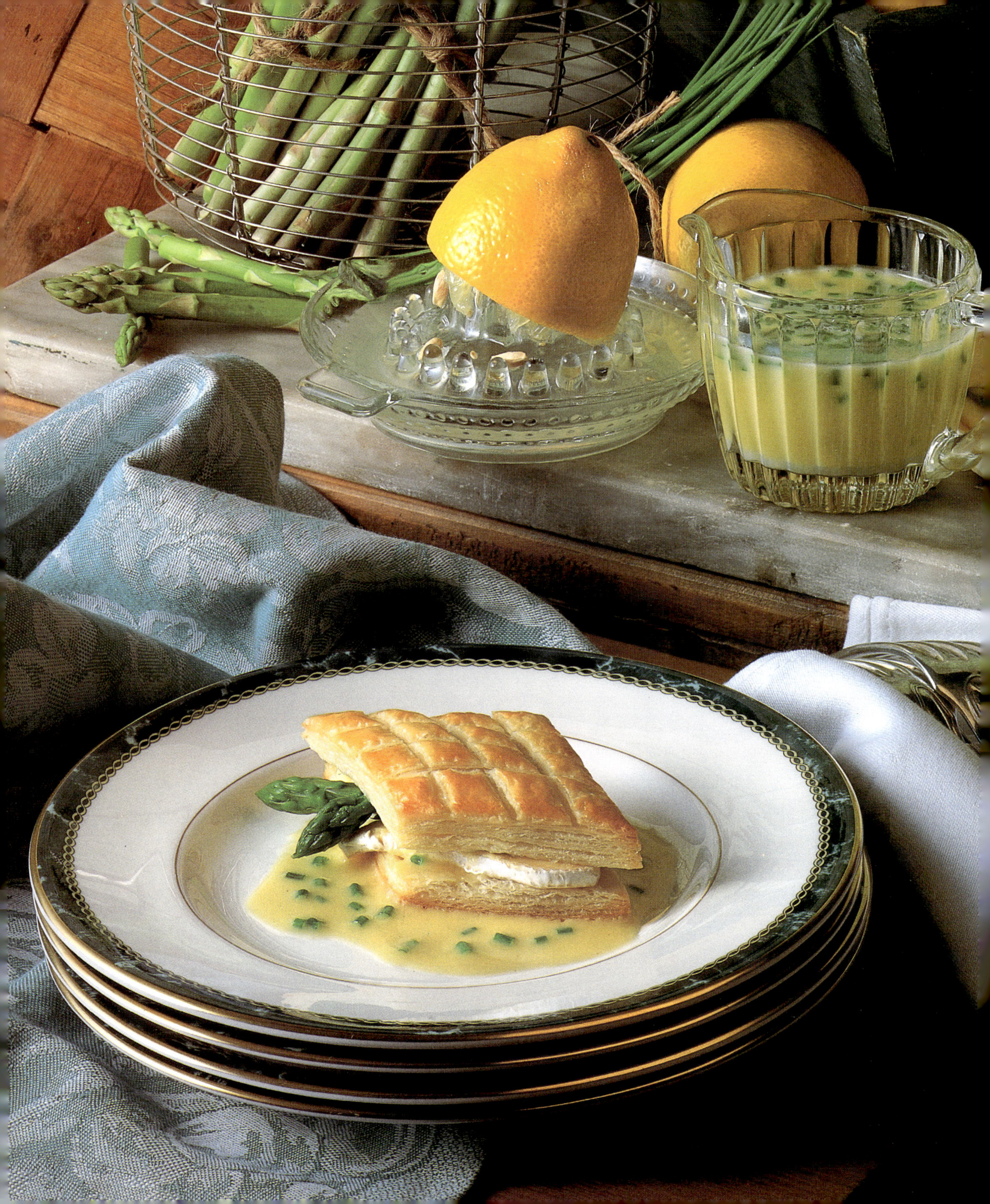

Hojaldrados de espárragos con salsa de mantequilla y cebollinos

Los hojaldrados se preparan en moldes de pasta de hojaldre y se rellenan, por lo general, con carne, verduras o marisco. Pueden presentarse en cuadrados, rectángulos, triángulos o rombos. En esta receta el relleno está compuesto de espárragos y brie, y se sirve con una exquisita salsa de mantequilla.

Tiempo de preparación 20 minutos + 20 minutos para enfriar
Tiempo de cocción 25 minutos
Para 8 porciones

RELLENO
16 puntas de espárragos frescos de unos 6 cm de largo
80 g de queso brie cortado en 8 lonchas

250 g aprox. de pasta de hojaldre (vea página 60)
1 huevo batido

SALSA DE MANTEQUILLA Y CEBOLLINOS
150 g de mantequilla fría y cortada en dados
1 cucharadita de zumo de limón
2 cucharadas de cebollinos frescos picados

1 Para preparar el relleno, lleve a ebullición agua con sal, añada las puntas de los espárragos y deje cocer de 2 a 3 minutos. Escúrralas y refrésquelas en un bol de agua con hielo 5 minutos, vuelva a escurrirlas y páselas a una rejilla metálica para que se enfríen (vea las Técnicas del chef).

2 Estire la pasta sobre una superficie enharinada hasta obtener un rectángulo de 21 x 26 cm y de unos 5 mm de espesor. Divida en 8 rombos o cuadrados de 7 cm de lado.

3 Precaliente el horno a 200°C. Pinte la superficie de la pasta con el huevo batido, a excepción de los bordes, ya que de lo contrario el huevo cuajaría durante la cocción e impediría que la pasta creciera. Con la punta de un cuchillo, trace en la superficie un dibujo decorativo en forma de rejilla. Hornee la pasta durante unos 15 minutos o hasta que haya aumentado su tamaño y esté crujiente y bien dorada. Córtela por la mitad, con la ayuda de un cuchillo afilado y retire las partes blandas sobrantes. Coloque una loncha de brie sobre cada mitad inferior y distribuya las puntas de los espárragos de manera que sobresalgan de la pasta. Disponga la otra mitad encima, como si preparase un emparedado y manténgalos calientes en el horno a 160°C.

4 Para preparar la salsa, llene un cazo con 100 ml de agua y llévela a ebullición. Reduzca la potencia del fuego e incorpore los dados de mantequilla poco a poco mientras va removiendo, hasta que estén bien mezclados y la salsa espese. Sazone con sal y pimienta, y agregue unas gotas de limón y los cebollinos.

5 Para servir vierta una cucharada de la salsa de cebollinos en el interior de cada hojaldrado y distribuya el resto en cada plato. Sírvalos calientes.

Nota del chef Con la pasta de hojaldre sobrante puede preparar palitos de anchoa (vea página 49).

Quiche de marisco

El relleno de esta apetitosa quiche resulta muy fácil y rápido de preparar, ya que la carne de marisco puede adquirirse ya cocida.

Tiempo de preparación 35 minutos
Tiempo de cocción 1 hora 10 minutos
Para 4–6 porciones

250 g de pasta quebrada (vea página 58)
1 huevo batido

RELLENO
200 g de gambas pequeñas cocidas y peladas
170 g de carne de cangrejo cocido
3 huevos
250 ml de nata espesa
nuez moscada al gusto
40 g de queso gruyère rallado

1 Precaliente el horno. Engrase ligeramente un molde de tarta de fondo desmontable, de 22 x 3,5 cm. Estire la pasta sobre una superficie enharinada hasta obtener 3 mm de grosor y forre el molde, ya preparado (vea las Técnicas del chef de la página 59). Cueza la pasta en seco durante unos 25 minutos o hasta que esté firme. Retire las alubias y el papel encerado y pinte la base de la pasta con el huevo batido. Hornee durante 3 minutos más, según las Técnicas del chef de la página 59.

2 Para preparar el relleno, elimine el exceso de líquido de los mariscos y séquelos con papel de cocina. Bata los huevos, la nata y la nuez moscada y sazone la mezcla con sal y pimienta recién molida.

3 Reparta el marisco sobre el molde, ya forrado. A continuación, extienda la mezcla de huevo por encima y espolvoréela con el queso rallado. Hornee de 35 a 40 minutos o hasta que la superficie esté bien dorada y al pinchar en el centro con un cuchillo, éste salga limpio. Colóquela sobre una rejilla metálica para que se enfríe un poco antes de extraerla del molde. Déjala en reposo durante 5 minutos antes de cortarla en porciones.

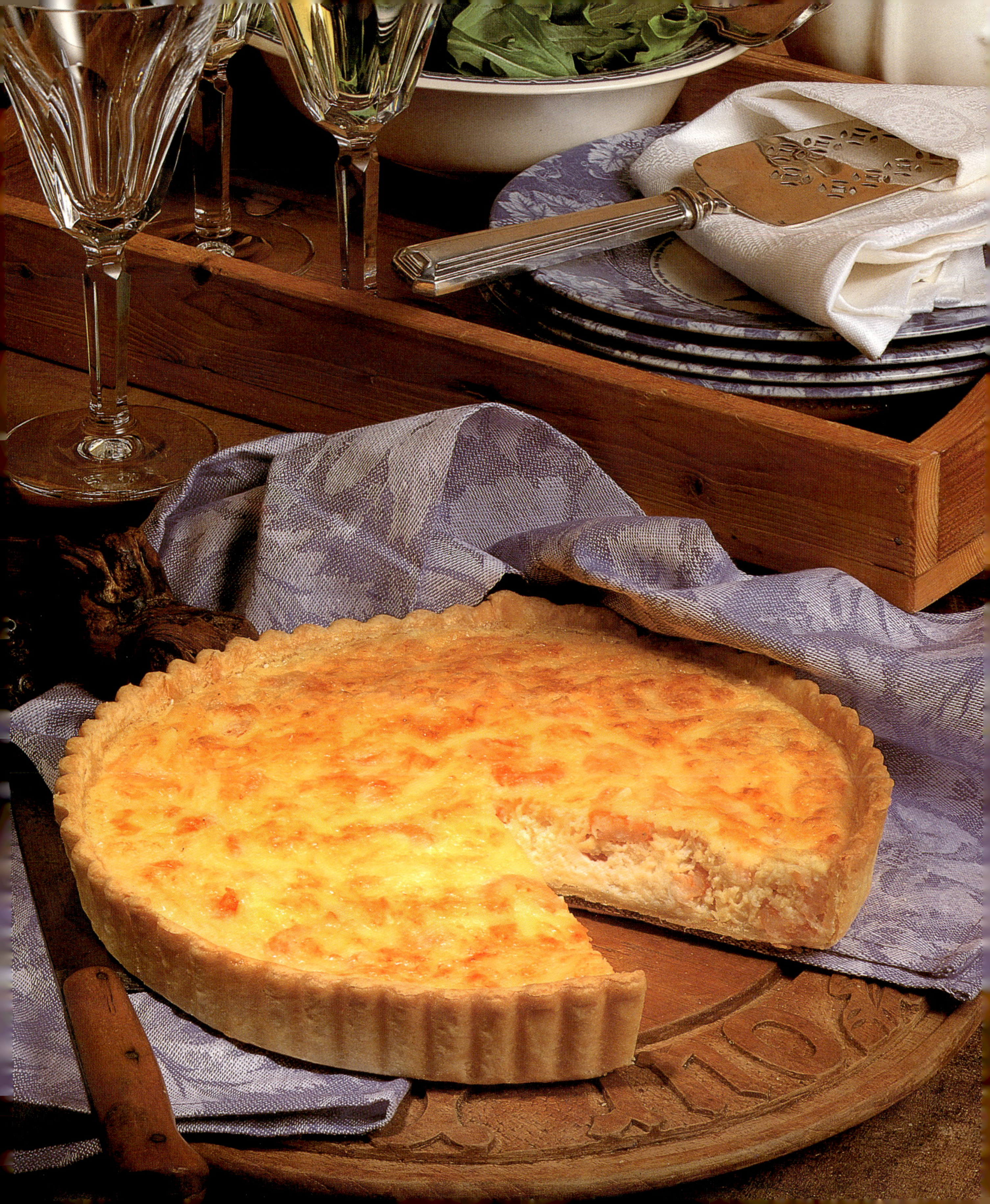

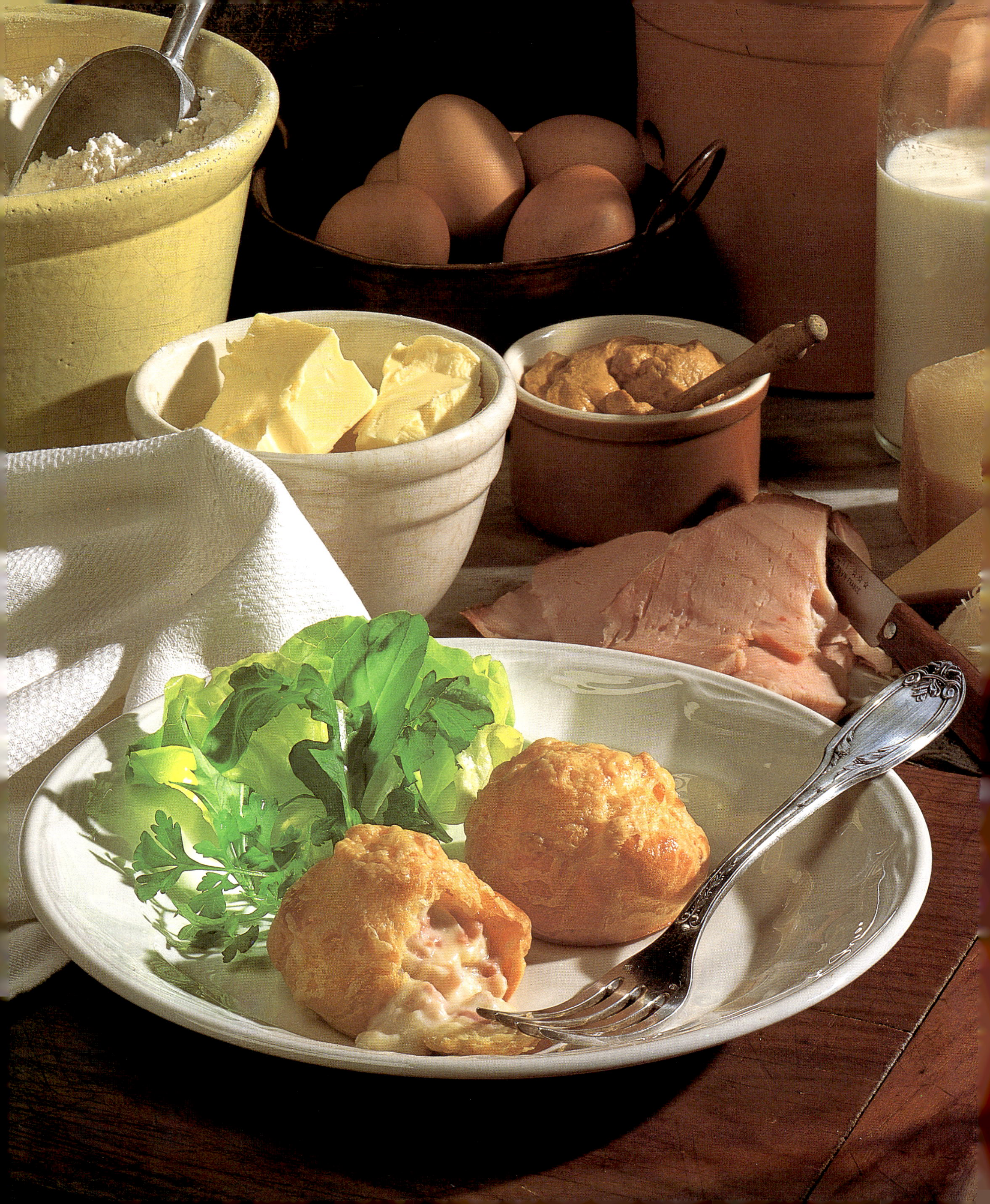

Gougères de jamón cocido

*La gougère tradicional es una lionesa de queso de forma redonda o circular.
Para esta variedad se emplea una masa de lionesas, espolvoreada con queso rallado, para preparar
bolitas rellenas de jamón cocido ahumado y salsa de queso.*

Tiempo de preparación 30 minutos
Tiempo de cocción 25 minutos
Para 6 personas

530 g de pasta de lionesas (vea página 62)
1 huevo batido con una pizca de sal
1 cucharada de gruyère o de parmesano rallado

RELLENO
30 g de mantequilla
30 g de harina
250 g de leche
50 g de queso gruyère rallado
**100 g de jamón cocido ahumado,
   cortado en trocitos pequeños**
1 cucharadita de mostaza inglesa
1 pizca de pimienta de Cayena
1 pizca de pimienta blanca

1 Engrase una bandeja de horno y refrigérela hasta el momento de utilizarla. Precaliente el horno a 200°C. Con una cuchara, introduzca la pasta en una manga pastelera con una boquilla plana de 1 cm y deposite 12 círculos de pasta de 1 cm de diámetro aproximadamente y 1,5 cm de grosor sobre la bandeja de horno ya preparada. Píntelos con el huevo batido y espolvoréelos con el queso rallado. Hornéelos durante 20 minutos o hasta que estén dorados por ambos lados. Cuando ya estén cocidos, deje que se enfríen, sin retirarlos, con la puerta del horno abierta y el fuego apagado. De este modo, permitirá que el interior de la pasta se seque.

2 Para preparar el relleno, derrita la mantequilla en una sartén de fondo pesado a fuego medio. Espolvoree la harina por encima y deje que se cueza durante 1 ó 2 minutos, sin que se dore, removiéndola continuamente con una cuchara de madera. Incorpore lentamente la leche, removiendo la mezcla enérgicamente para evitar que se formen grumos. Llévala a ebullición a fuego medio y déjala hervir durante 3 ó 4 minutos. Si aparecen grumos, pásela por un tamiz fino y vuélvala a calentar en una sartén limpia. Añada el queso, el jamón ahumado¡y la mostaza, y sazónelo al gusto con sal, pimienta de Cayena y pimienta blanca.

3 Con la ayuda de una cuchara, introduzca el relleno en una manga pastelera con la boquilla pequeña y redonda. Con la punta de un cuchillo, practique un orificio en la base de cada bolita. Introduzca la punta de la boquilla en el orificio y rellene la bolita con la mezcla de queso. Repita la operación con el resto de bolitas. Sírvalas calientes en una ración de dos unidades por persona y acompañadas de una ensalada, como guarnición.

tartas saladas

Técnicas del chef

◆

Cómo preparar la pasta quebrada

*Con esta masa se elabora una de las mejores bases para tartas y quiches.
Además, su elaboración resulta muy sencilla.*

Tiempo de preparación 10 minutos + 20 minutos para enfriar
Tiempo de cocción Ninguno
Para unos 530 g

200 g de harina
un buen pellizco de sal
100 g de mantequilla fría
1 huevo ligeramente batido
2 ó 3 cucharaditas de agua

1 En un bol, mezcle la harina y la sal. Corte la mantequilla en dados de 1 cm de lado y mézclelos con la harina.
2 Trabaje la mezcla con las puntas de los dedos hasta conseguir una textura parecida a la de las migas de pan.
3 Practique un hueco en el centro y vierta el huevo y el agua, previamente mezclados.
4 Trabaje lentamente la mezcla con la ayuda de una espátula hasta formar una bola de textura rugosa. Si nota que todavía se pega, añádale un poco más de harina. Pase la masa a una superficie fría ligeramente enharinada y trabájela con mucho cuidado hasta que quede fina (no lo haga durante más de 20 segundos). Cúbrala con film transparente y refrigérela durante al menos 20 minutos antes de utilizarla.

Nota del chef Con la cantidad de pasta indicada pueden forrarse dos moldes para tartas de unos 18 a 20 cm de diámetro. Si solamente prepara una tarta, corte la pasta en dos mitades y envuélvalas, por separado, en film transparente. Coloque la mitad que no va a utilizar en una bolsa de plástico, ciérrela herméticamente y guárdela en el congelador para que pueda hacer uso de ella cuando lo desee.

Con las puntas de los dedos deshaga los dados de mantequilla en un bol con harina y sal.

Continúe mezclando la mantequilla con la harina hasta conseguir una textura similar a la de las migas de pan.

Vierta en el hueco la mezcla de huevo y agua.

Trabaje lentamente la mezcla con la ayuda de una espátula hasta formar una bola de textura grumosa.

Cómo forrar un molde

Trabaje la masa con mucho cuidado para evitar que se estire.

Enrolle la masa en un rodillo, colóquelo encima del molde y desenrolle la masa con cuidado.

Con una bolita hecha con la pasta sobrante, presione las paredes del molde.

Pase el rodillo por el borde del molde para retirar la pasta sobrante. Realice esta operación suavemente pero con firmeza.

Pinche varias veces la superficie de la pasta con un tenedor para que pueda salir el vapor durante la cocción.

Cómo cocer en seco

Si cuece la pasta antes de incorporar el relleno evitará que la base se reblandezca durante la cocción.

Arrugue una lámina de papel encerado hasta formar una bola. Deshágala y coloque el papel dentro del molde con la masa.

Reparta sobre el papel encerado alubias o arroz hasta cubrirlo y presionando para que el papel se mantenga bien adherido a las paredes del molde.

Cuézalo según los tiempos indicados para las diferentes recetas o hasta que esté firme. Retire las alubias o el arroz y el papel.

Si la receta lo especifica, vuelva a cocer la pasta hasta que adquiera una textura compacta y esté completamente dorada.

tartas saladas

Cómo preparar la masa de hojaldre

La elaboración de esta masa requiere más tiempo y esfuerzo que las demás. En contrapartida, se obtiene una base de hojaldre enriquecida con mantequilla. Si tiene poco tiempo, puede adquirirla ya lista, en láminas o en un solo bloque.

Tiempo de preparación **1 día**
Tiempo de cocción **Ninguno**
Para unos 530 g

BASE
250 g de harina de fuerza o normal
1 cucharadita de sal
2 ó 3 gotas de zumo de limón
125 ml de agua
40 g de mantequilla fundida

100 g de mantequilla fría

1   Para preparar la masa, tamice la harina y la sal sobre una superficie de trabajo fría, practique un hueco en el centro e incorpore el zumo de limón, el agua y la mantequilla. Mézclelo bien con las puntas de los dedos. A continuación, vaya incorporando la harina a la mezcla de mantequilla con el canto de una espátula moviendo ésta como si estuviera cortando la masa. Cuando la harina se haya incorporado completamente la masa parecerá pan rallado. Seguidamente, júntela con las palmas de las manos y amásela ligeramente, humedeciéndola con unas gotitas de agua, si es necesario hasta formar una bola más bien blanda.

2   Con la ayuda de un cuchillo afilado, marque un aspa grande sobre la masa para evitar que se encoja, envuélvala en papel encerado o en film transparente, ligeramente enharinados. Refrigérela durante 1 hora para que la pasta resulte más fácil de doblar en el momento de amasarla. Mientras, coloque el pedazo de mantequilla fría entre dos trozos de papel encerado o de film transparente, déle unos golpecitos con el mango del rodillo y forme un cuadrado de 2 cm de grosor. De este modo, conseguirá que la mantequilla sea más maleable cuando deba doblarla y evitará, al mismo tiempo, que se funda.

3   A continuación, retire el papel encerado o el film transparente de la masa y colóquela sobre una superficie fría y ligeramente enharinada. Estírela, empezando por el centro

Espolvoree una superficie de trabajo con la harina y la sal y practique un hueco en el centro. Añada el zumo de limón, el agua y la mantequilla y mézclelo bien con las puntas de los dedos.

Con la ayuda de un cuchillo afilado marque un aspa grande.

Retire el papel encerado o el film transparente de la masa y colóquela sobre una superficie fría y un poco enharinada. Estírela con el rodillo hasta darle forma de cruz pero deje un pequeño montículo en el centro.

Disponga la mantequilla en el centro y doble los cuatro extremos de la masa hacia dentro hasta que aquélla quede perfectamente cubierta.

hasta formar una gran cruz con toda la pasta, con una elevación en el centro.

4 Seguidamente, disponga la mantequilla en la elevación del centro y doble los cuatro extremos de la masa hacia dentro hasta que aquélla quede perfectamente cubierta.

5 Trabaje bien la masa con el rodillo, de modo que las puntas queden bien cerradas. A continuación, colóquela sobre una superficie ligeramente enharinada y estírela hasta formar un rectángulo de 12 x 35 cm.

6 Doble cada uno de los extremos hacia dentro, de manera que queden superpuestos formando tres capas de pasta. Retire el exceso de harina para que las puntas puedan sellarse bien. Con la yema del dedo, presione la pasta para marcar la primera vez que la amasa y, a continuación, dóblela. Envuélvala en film transparente y refrigérela 30 minutos.

7 Gire la masa, ya doblada, un cuarto de vuelta hacia su izquierda, como si se tratara de un libro. A continuación, y con la ayuda de un rodillo, ejerza una ligera presión para que se cierren bien las puntas.

8 Seguidamente, repita tres veces las operaciones de los puntos 1 a 8, teniendo presente que debe practicar una pequeña hendidura con el dedo cada vez que amase la pasta. Cuando lo haya hecho dos veces y haya efectuado dos dobleces, deberá haber marcado dos hendiduras. La masa se irá reblandeciendo, a medida que la vaya trabajando y doblando. Refrigérela durante 30 minutos y la pasta de hojaldre ya estará lista para su uso. Puede congelarla en un solo bloque o bien cortarla en pequeñas porciones que irá descongelando a medida que necesite utilizarlas.

Notas del chef Cuando prepare la masa de hojaldre, trabájela sobre una superficie fría para evitar que la mantequilla se derrita y se forme una masa pesada. Cuando la temperatura ambiente sea elevada, deberá refrigerar la masa 15 minutos más, al final de todo el proceso.

La elaboración del hojaldre es sencilla pero requiere un tiempo considerable. Por lo tanto, se recomienda que prepare el doble o el triple de la cantidad indicada de una sola vez y congele la sobrante. Para descongelarla, guárdela en el frigorífico hasta el día siguiente. Puede conservarla en el frigorífico hasta un máximo de 4 días y 3 meses en el congelador.

Trabaje la masa con el rodillo para cerrar bien las puntas y estírela hasta formar un rectángulo de 12 x 35 cm.

Doble cada uno de los extremos hacia dentro, de manera que queden superpuestos formando tres capas de pasta.

Tras retirar la masa del frigorífico, gírela un cuarto de vuelta hacia su izquierda como si se tratara de un libro. A continuación, y con la ayuda de un rodillo, ejerza una ligera presión para que se cierren bien las puntas.

Continúe estirándola, doblándola y enfriándola procurando siempre mantener las puntas igualadas y las esquinas bien cortadas.

Cómo preparar la pasta de lionesas

Esta masa debe cocerse dos veces para obtener la ligereza de las lionesas o de los bollos. Antes de cocerla por última vez, la pasta se habrá reblandecido mucho. Entonces, pásela por la manga pastelera.

Tiempo de preparación 5 minutos
Tiempo de cocción de 10 a 15 minutos

60 g de harina
125 ml de agua
50 g de mantequilla cortada en dados
una pizca de sal
una pizca de azúcar
2 huevos

1 Tamice la harina sobre una lámina de papel encerado. Incorpore en un cazo el agua, la mantequilla, la sal y el azúcar y deje cocer hasta que la mantequilla y el agua empiecen a hervir. Entonces, retire el cazo del fuego y agregue la harina de una sola vez.
2 Con la ayuda de una cuchara de madera, mezcle bien los ingredientes. A continuación, vuelva a poner el cazo en el fuego y remueva bien hasta que se forme una pasta cremosa y empiece a adherirse a las paredes del recipiente.
3 Retire el cazo del fuego y coloque la masa en un bol. En otro bol pequeño, bata ligeramente los huevos. Con la ayuda de una cuchara de madera o de una batidora eléctrica, incorpore los huevos batidos en pequeñas tandas, mezclando bien.
4 La mezcla estará lista cuando adquiera una textura cremosa, espesa y brillante.

Nota del chef Cuando prepare la pasta, es muy importante que utilice exactamente las cantidades que se indican para cada ingrediente, ya que si se excediera en las proporciones, impediría que aumentase el volumen de la masa. Los panaderos tienen por costumbre pesar los huevos para determinar el peso de los ingredientes secos.

No se deje engañar por el atractivo aspecto de la masa cuando empiece a ganar color. Si las grietas son de un amarillo pálido o mucho más claro que el resto, significará que el relleno aún no se ha cocido por completo. Entonces, debe disminuir la temperatura del horno hasta 160°C y dejar

Cuando la mezcla empiece a hervir, retire el cazo del fuego e incorpore en seguida la harina.

Sitúe nuevamente el cazo en el fuego y remueva bien hasta que se forme una pasta cremosa y empiece a adherirse a las paredes del recipiente.

Retire el cazo del fuego y coloque la masa en un bol. Con la ayuda de una cuchara de madera incorpore los huevos batidos por tandas.

La mezcla estará lista para usar cuando adquiera una textura cremosa, espesa y brillante.

Cómo asar los pimientos

Una vez asados son más fáciles de pelar y adquieren un sabor dulce.

Precaliente una parrilla. Corte los pimientos en dos mitades y extraiga las semillas y la membrana central.

Áselos hasta que la piel se ampolle y se queme. Introdúzcalos en una bolsa de plástico y deje que se enfríen. Cuando estén fríos, retire la piel.

Cómo refrescar las verduras

Sumergir las verduras escaldadas en agua helada hará que recuperen su color brillante.

Cueza las verduras en agua hirviendo hasta que estén tiernas.

Escúrralas e introdúzcalas en un bol de agua con cubitos de hielo y así interrumpirá la cocción y refrescará las verduras. Extráigalas del bol y escúrralas.

Cómo preparar los tomates

En muchas recetas se usan tomates pelados y sin semillas; para prepararlos siga estas instrucciones.

Con un cuchillo muy afilado, trace una pequeña cruz en la base de cada tomate.

Escalde los tomates durante 10 segundos en un cazo grande con agua hirviendo. Retírelos y sumérjalos en un bol de agua helada para interrumpir la cocción y permitir que la pulpa se mantenga firme.

Retire la piel empezando por la cruz. Si en una receta se indica que deben extraerse las pepitas, corte el tomate por la mitad y utilice una cucharita para rasparlas.

Cómo lavar los puerros

Los puerros se utilizan a menudo por el sabor que aportan a las recetas.

Antes de usarlos, deben lavarse bien en agua fría corriente para eliminar la suciedad y los restos de tierra. Separe las puntas para permitir que el agua circule bien incluso entre las hojas más apelmazadas.

tartas saladas

Editado por Murdoch Books® de Murdoch Magazines Pty Limited, 45 Jones Street, Ultimo NSW 2007.

© Diseño y fotografía de Murdoch Books® 1998
© Texto de Le Cordon Bleu 1998

Editora gerente: Kay Halsey
Idea, diseño y dirección artística de la serie: Juliet Cohen

Todos los derechos reservados. Ninguna parte de esta publicación puede ser reproducida, almacenada o transmitida de ninguna forma ni por ningún medio, sea éste electrónico, mecánico, por fotocopia, grabación o cualquier otro, sin la previa autorización escrita por parte de la editorial. Murdoch Books® es una marca comercial de Murdoch Magazines Pty Ltd.

Murdoch Books y Le Cordon Bleu quieren expresar su agradecimiento a los 32 chefs expertos de todas las escuelas Le Cordon Bleu, cuyos conocimientos y experiencia han hecho posible la realización de este libro, y muy especialmente a los chefs Cliche (Meilleur Ouvrier de France), Terrien, Boucheret, Duchêne (MOF), Guillut y Steneck, de París; Males, Walsh y Hardy, de Londres; Chantefort, Bertin, Jambert y Honda, de Tokio; Salembien, Boutin, y Harris, de Sydney; Lawes de Adelaida y Guiet y Denis de Ottawa.
Nuestra gratitud a todos los estudiantes que colaboraron con los chefs en la elaboración de las recetas, y en especial a los graduados David Welch y Allen Wertheim.
La editorial también quiere expresar el reconocimiento más sincero a la labor de las directoras Susan Eckstein, de Gran Bretaña y Kathy Shaw, de París, responsables de la coordinación del equipo Le Cordon Bleu a lo largo de esta serie.

Título original: *Quiches & Pastries*

© 1998 de la edición española:
Könemann Verlagsgesellschaft mbH
Bonner Straße 126, D-50968 Köln
Traducción del inglés: Mª Cristina Minguet Ramis
para LocTeam, S.L., Barcelona
Redacción y maquetación: LocTeam, S.L., Barcelona
Impresión y encuadernación: Sing Cheong Printing Co., Ltd.
Printed in Hong Kong, China

ISBN 3-8290-0652-7

10 9 8 7 6 5 4 3

La editora y Le Cordon Bleu agradecen a Carole Sweetnam su colaboración en esta serie.
Portada: Quiche de ricotta y espinacas

INFORMACIÓN IMPORTANTE

GUÍA DE CONVERSIONES

1 taza = 250 ml
1 cucharada = 20 ml (4 cucharaditas)

NOTA: Hemos utilizado cucharas de 20 ml. Si utiliza cucharas de 15 ml, las diferencias en las recetas serán prácticamente inapreciables. En aquéllas en las que se utilice levadura en polvo, gelatina, bicarbonato de sosa y harina, añada una cucharadita más por cada cucharada indicada.

IMPORTANTE: Aquellas personas para las que los efectos de una intoxicación por salmonela supondrían un riesgo serio (personas mayores, mujeres embarazadas, niños y pacientes con enfermedades de inmunodeficiencia) deberían consultar con su médico los riesgos derivados de ingerir huevos crudos.